収入最大化のメカニズムデザイン

佐野 隆司

三菱経済研究所

はじめに

　メカニズムデザインは，資源配分や公共的意思決定のルールの設計を扱う研究分野である．資源配分において財や社会状態に対する価値評価は人によって様々であり，かつ人々の価値評価は本人のみが知る私的情報であることが普通である．他人や制度設計者は，価値評価について確かな情報を持っていない．そのような情報の非対称性があるとき，人々の多様な価値評価に関する情報を正確に引き出し，望ましい資源配分を実現するにはどのような制度を設計したら良いのだろうか？これがメカニズムデザインの主要な研究課題の一つである．

　メカニズムデザインは，2007 年に同分野にノーベル経済学賞が授与された．またメカニズムデザインをより実践的に現実に応用しようとする分野である「マーケットデザイン」に対して 2012 年にノーベル経済学賞が授与されるなど，理論経済学における主要分野の一つとして発展を遂げてきた．

　ところでメカニズムデザイン（あるいはマーケットデザイン）の研究において「望ましい資源配分」とは，社会的に望ましい，特に（パレート）効率的な資源配分を指すことが多い．近年坂井（2010, 2014）や坂井他（2008）などメカニズムデザイン・マーケットデザインについて解説された日本語の教科書・研究書においても，効率的な資源配分を実現する制度設計を中心に論じたものが多い．しかし，制度を設計するのは政府や聖人ばかりではない．個人や企業なども様々な制度や取引ルールを設計する経済主体であり，彼らは自分の私的な利益を最大化するためにどのような制度を設計したらよいか，を考えている

だろう.

　本書の目的は，メカニズムデザインの研究におけるもう一つの「望ましさ」の尺度である制度設計者の収入（利潤）最大化の理論を解説し，近年の研究成果を紹介することである．本書で考えるのは以下のような私的財の配分（販売）問題だ．潜在的な買い手の財に対する価値評価がその人のみが知る私的情報であるとき，売り手はどのような取引ルールを設計することによって買い手の価値評価情報を正確に引き出し，利潤を最大化することができるのだろうか？社会的に望ましい資源配分の実現を目指す効率的メカニズムデザイン（efficient mechanism design）に対して，制度設計者の利潤最大化を考えるメカニズムデザインをしばしば最適メカニズムデザイン（optimal mechanism design）と呼ぶが，本書は最適メカニズムデザインに特化した研究書である.

　収入最大化のメカニズムデザインの分析手法は，契約理論における売り手と買い手の相対取引の制度設計や，産業組織論における価格差別や非線形価格，オークション理論における最適オークションなど幅広い研究分野で応用されている．本書では，この分野でもっとも重要な研究の一つである Myerson (1981) によって確立された収入最大化の分析手法を解説し，様々な資源配分問題へと応用する.

　第 1 章では，相対取引の制度設計を分析する．売り手が一人の買い手に一つの財を販売する状況を考える．買い手の財に対する価値評価が買い手自身のみが知る私的情報となっていて，売り手は買い手が財に対してどれだけ支払う用意があるか分からないとき，売り手がどのようにして買い手の価値評価を正しく引き出すか（スクリーニングするか），そして買い手から如何にレント（利潤）を引き出すかを分析する．本章で解説する手法は，第 2 章および第 3 章でもそのまま活用される「メカニズムデザインの基本作法」といってもよい.

　第 2 章では，オークションの制度設計を分析する．ここでは売り手は 2 人以上の潜在的な買い手に対して財を販売できる状況を考える.

買い手の数が複数人になることによって，売り手は新たに買い手間の戦略的相互依存関係を考慮に入れる必要がでてくる．ゲーム理論を用いて買い手間の戦略的関係を処理し，第1章の分析を応用して最適なオークションの設計ができることが解説される．

第3章では，売り手が時間を通じて財配分をするような動学的な問題への応用を分析する．動学的メカニズムデザインは，近年急速に研究がすすめられている先端トピックの一つで，大きく分けて私的情報の動学を考慮に入れる研究と，買い手の取引タイミングの相違を分析する研究の2通りの分析がある．このうち，本書では，取引タイミングが買い手によって異なる状況の制度設計について考察する．

例えば，旅行者が旅行先のホテルを予約するのは，実際に旅行に出発するより前であることが多いが，予約を入れるタイミングは旅行者によってさまざまである．年に1回の家族旅行のために，何か月も前に予約を入れようとする人もいれば，急な出張のため前日や宿泊当日になって予約しようとする人もいるだろう．買い手が財への需要を認識し，取引（あるいは市場）に参入するタイミングがばらばらであるとき，どのような価格設定，より一般的にはどのような取引メカニズムを設計すれば，売り手の収入を最大化することができるのだろうか．このような時間を通じた最適価格設定は，レベニューマネジメント（revenue management）やダイナミックプライシング（dynamic pricing）などと呼ばれ，オペレーションズリサーチなど経営学の分野などでも古くから盛んに研究されてきたテーマである．同時に，近年の情報技術の進展に伴って，鉄道や航空チケット，ホテル予約，プロ野球などの興行チケットなど様々な価格設定に実際に応用されている．動学的メカニズムデザインは，これに対してメカニズムデザインの手法からアプローチするものだ．本書ではSano (2018, 2019) を元に，鉄道や航空チケットの配分メカニズムを念頭に，売り手が逐次的にサービススロットを配分する状況において，買い手が財に対する評価額に加えて，サービ

スを受けるまでの忍耐強さが私的情報となっている場合の最適メカニズムデザインを考察する.

　本書では，一貫して Myerson (1981) などによって確立された手法に基づく最適メカニズムデザインを考察するが，この分析手法は必ずしも収入最大化問題のみに応用されるものではない．本書では解説されないが，たとえば，売り手と買い手双方に私的情報がある状況における効率的なメカニズムの分析（Myerson and Satterthwaite, 1983）や，政府が予算制約に直面しているときの公共財供給の制度設計（Güth and Herwig, 1986）など，効率的メカニズムデザインにも応用することが可能である.

　本書を通じて共通する重要な仮定について述べておく．第一に，私的情報を持つ買い手は準線形かつリスク中立的な効用関数を持つと仮定する．すなわち，買い手の財に対する価値評価は,「その財に対して最大限支払ってもよい金額」として金銭的に評価可能である．第二に，複数の買い手がいるとき，彼らの価値評価の間に確率的な相関が存在しないことを仮定する．最後に，第 3 章の一部を除き，買い手の私的情報は財の金銭的価値のような 1 次元の値として表現できると仮定する．本書で扱う収入最大化の手法は，買い手の私的情報が 2 次元以上である場合に拡張することは極めて困難であることが知られている．効率的メカニズムデザインでは，効用の準線形を仮定しておけば，いわゆる「Vickrey-Clarke-Groves メカニズム」をほとんどあらゆる静学的・動学的資源配分問題に定義することができて，それによって効率的な配分を実現することができるのだが，最適メカニズムの理論には，そのようなオールマイティなメカニズムは存在しない．効率的メカニズムデザインに比べて，最適メカニズムデザインの方が様々な理論上の仮定に縛られることが多く，本書の分析結果を直ちに現実に応用するのは注意が必要であるということを最初に指摘しておきたい.

謝辞

　本書の執筆にあたり，多くの方々のお世話になりました．公益財団法人三菱経済研究所の滝村竜介常務理事には本書の草稿に目を通していただき，貴重なアドバイスと温かい励ましをいただきました．東京大学の松島斉教授には，三菱経済研究所との縁を取り持ってくださいました．横浜国立大学の熊野太郎准教授，鶴岡昌徳准教授，無藤望准教授には本書の草稿に目を通していただき，詳細なコメントをいただきました．ここに記して深く感謝申し上げます．

　2019 年 7 月

佐野　隆司

目　　次

第 1 章　相対取引 ………………………………………………………… 1

　1.1　表明原理 ……………………………………………………… 4

　1.2　誘因両立性の特徴づけ ……………………………………… 6

　1.3　最適メカニズムの導出 ……………………………………… 12

　1.4　数値例 ………………………………………………………… 15

　1.5　重要な仮定 …………………………………………………… 16

第 2 章　オークション ………………………………………………… 19

　2.1　表明原理 ……………………………………………………… 22

　2.2　二位価格オークション ……………………………………… 24

　2.3　誘因両立性の特徴づけと収入同値定理 …………………… 26

　2.4　最適メカニズムの導出 ……………………………………… 31

　2.5　複数財オークションへの応用 ……………………………… 35

　　2.5.1　複数単位オークション ………………………………… 35

　　2.5.2　ポジションオークション ……………………………… 37

　2.6　最適オークションはどれくらい「最適」なのか ………… 42

　2.7　重要な仮定 …………………………………………………… 44

第 3 章　動学的メカニズムデザイン ………………………………… 47

　3.1　単一財の配分問題 …………………………………………… 49

　　3.1.1　条件付き契約が結べる場合 …………………………… 52

　　3.1.2　オーバーブッキング …………………………………… 55

　3.2　複数財の配分問題 …………………………………………… 56

　　3.2.1　誘因両立性の特徴づけ ………………………………… 62

　　3.2.2　効率的なメカニズム：条件付き契約が結べない場合… 68

　　3.2.3　最適メカニズム：条件付き契約が結べない場合 …… 72

3.3　まとめ………………………………………………………… 74

あとがき…………………………………………………………… 77

参考文献…………………………………………………………… 79

第1章　相対取引

　売り手が1人の買い手と1単位の財を取引する状況を考えよう[1]. 簡単化のために，売り手の財に対する価値（あるいは財を生産するコスト）はゼロとする. 買い手は財に対してvだけの金銭的価値があり，この金額までならば支払ってもよいと考えている. しかし買い手の財の評価額vは買い手だけが知る私的情報で，売り手には分からない. ただし，売り手は，買い手の財の評価額vは0から$\bar{v}$の間の実数で，vはある確率分布Fに従っていることを知っているとしよう. 評価額vがx以下の値である確率は$\Pr\{v \leq x\} = F(x)$である. 累積分布関数Fには確率密度関数$f = F'$が存在して，$f(v) > 0$とする. 買い手の評価額vの集合をVで表すことにする. すなわち$V = [0, \bar{v}]$である[2]. 売り手も買い手もリスク中立的であると仮定する.

　売り手はどのような取引の仕方をすれば自身の期待収入を最大化できるだろうか？最も素朴で簡単な方法は，適当な価格$p \in [0, \bar{v}]$を提示して，その価格で買い手が受け入れれば取引し，買い手が拒否すれば取引しない，というものだ. 他にこの財を獲得できるような外部機会がなければ，買い手は財の評価額が$v \geq p$ならば取引に応じ，そうでなければ拒否することになる. 売り手は高い価格をつければ取引が成立したときの収入は大きいが，取引が成立する確率は低くなってしまう. 反対に低い価格をつければ取引確率は高くなるが，取引したときの収入は低い. 売り手としては，このトレードオフを勘案して適切な

---

[1]本章の分析は Mussa and Rosen (1978), Myerson (1981) などを基にしている.

[2]適切な条件（期待値が発散しないなど）が満たされているならば，$V = [0, \infty)$でも差し支えない.

2

価格を決めることになるだろう.

売り手が価格 $p \in [0, \bar{v}]$ を提案したとき,買い手の評価額が $v \geq p$ となる確率は $1 - F(p)$ であるから,売り手の最適価格は

$$\max_p p(1 - F(p))$$

の解となる.この最大化問題は $D(p) = 1 - F(p)$ を需要関数とする独占企業の収入(利潤)最大化問題と同値である[3].収入最大化の1階条件を考えると,

$$-pf(p) + 1 - F(p) = 0$$

より,

$$p^* = \frac{1 - F(p^*)}{f(p^*)}$$

を満たす p^* が最適価格であることが分かる.

より巧妙な方法を使って,売り手はもっと収入を上げることはできないだろうか?売り手は買い手の評価額 v がいくらかという情報を知っていれば,価格 v(あるいは $v - \epsilon$)で取引することで最大限の収入を上げられるはずだ.したがって,買い手に財がどれくらい欲しいかよく話を聞いて,それに応じて価格を変えることも検討に値するだろう.あるいは,ある価格で財を確実に売るのではなく,「お金を支払ってもらった上でくじ引きをして,当選したときのみ財を引き渡す」などの確率的な配分もありうるだろう.

一般に売り手が定める取引の仕方・ルールをメカニズムと呼び,次のように定義する.

---

[3]売り手はコストゼロで財を供給しているので,ここでは収入最大化と利潤最大化は同値である.

定義 1.1　以下の 3 つの要素を定めたものを**メカニズム** $\Gamma = (M, q, p)$ という：

1. 買い手が送ることのできるメッセージの集合 M
2. 買い手のメッセージ $m \in M$ に対して，売り手が買い手に財を配分する確率 $q(m)$ を定めた配分ルール $q : M \to [0, 1]$
3. 買い手のメッセージ $m \in M$ に対して，買い手が売り手に支払う金額 $p(m)$ を定めた支払いルール $p : M \to \mathbb{R}$

売り手は買い手に対してくじ引きなどを用いてランダムに財を配分することが許されている．財の配分ルール q がそのようなランダムな配分を含むとき，q は**確率的な配分ルール**であるという．そうではなく，売り手は買い手に確実に財を配分するか否かを定める，すなわち必ず $q(m) \in \{0, 1\}$ であるようなものを**確定的な配分ルール**という．言うまでもなく，確定的な配分ルールは「確率 1 で配分する（しない）」という確率的な配分ルールの特殊ケースとみなすことができる．

ここで定義された「メッセージ」が許容するものの範囲はきわめて広い．たとえば，「大声で叫んでもらい，そのときの声量に応じて配分と支払額を決める」であるとか，「財がどれだけ欲しいかを原稿用紙 10 枚以内にしたため，提出してもらう」といったものでもよい．

売り手が定めるメカニズム Γ に対して，買い手は自分の評価額が v のとき，自分の期待利得

$$u(m, v) \equiv q(m)v - p(m)$$

を最大化するような最適なメッセージを送るだろう．つまり，

$$m^*(v) \in \arg\max_{m \in M} u(m, v)$$

を送る．メカニズム Γ における買い手の最適戦略とは，任意の評価額

4

v に対して，そのときの最適メッセージ $m^*(v)$ を定めた行動計画 m^*: $V \to M$ である．

1.1 表明原理

我々（売り手）の目標は，買い手が最適メッセージを送ってくることを見越した上で，売り手の期待収入を最大化するようなメカニズム (M, q, p) を設計することである．これは一見すると難問のように見える．なぜならば，メカニズムにおけるメッセージ M はどんなものでもよいのだから，簡単なものでよいのか，あるいは原稿用紙 10 枚のレポートのような複雑なものが良いのか，漠然としすぎていて見当がつかなそうだ．その上，ひとたびメッセージ M を定めたとしても，買い手が最適メッセージを送ってくることを念頭に入れなければならない．売り手の収入最大化問題を解く第 1 ステップは，まず売り手の解くべき問題を数学的に明確な形で定式化することである．

この一見厄介な問題をすっきりとさせてくれるのが，表明原理と呼ばれるメカニズムデザインの土台となる性質だ．表明原理は，無限にありうるメカニズムの中で，特別なクラスのメカニズムのみに着目すればよいことを保証してくれる．まず，メカニズムの特殊クラスとして直接メカニズム $\Gamma = (q, p)$ を定義する．

定義 1.2 メッセージ空間が $M = V$ であるようなメカニズムを直接表明メカニズム，あるいは**直接メカニズム**という．

直接メカニズムとはメッセージの集合が買い手の評価額，ここでは $V = [0, \bar{v}]$ に設定されたものだ．つまり，買い手に対して単刀直入に「あなたの評価額 v を教えてください」と聞くのだ．この質問に対して，買い手は当然本当の評価額を答えてくれるとは限らない．メカニズムの

第1章 相対取引　　　　**5**

仕様によっては，本当の評価額を答えてしまっては，足元を見られて高い価格をふっかけられてしまうかもしれない．そのようなことのない，買い手が自分の評価額を正直に答えることが最適戦略となるとき，直接メカニズムは誘因両立的である，という．

定義 1.3　直接メカニズム Γ が**誘因両立的** (incentive compatible) であるとは，すべての v と $\tilde{v}$ について，

$$q(v)v - p(v) \geq q(\tilde{v})v - p(\tilde{v}) \tag{1.1}$$

が成り立っていることをいう．

　我々の目標は売り手の収入最大化なので，直接メカニズムにおいて買い手が正直に評価額を答えてくれるか自体はさして重要ではない．しかし，我々が考えるメカニズムの範囲として誘因両立的な直接メカニズムだけを考えたとしても，一般性を失うことはない．これが表明原理である．

命題 1.1 (表明原理)　任意のメカニズム $\Gamma = (M, q, p)$ の任意の最適戦略 $m^*(\cdot)$ に対して，それと実質的に同値な結果をもたらす誘因両立的な直接メカニズム Γ^* が存在する．

表明原理は次のような直観によって説明できる（証明もほぼ同じである）．任意のメカニズム $\Gamma = (M, q, p)$ とそこでの最適戦略 $m^*(\cdot)$ を考える．このメカニズムに対して，売り手は「買い手の代理人」あるいは「買い手のためのロボット（AI）」を用意して，買い手に以下のように指示を与える：

　　　　『この代理人（ロボット）にあなたの評価額 v を伝えて（入力して）ください．代理人（ロボット）はあなたに代わってあなたの最適メッセージ $m^*(v)$ を送るようにプログ

6

ラムされています.』

　買い手の代理人が買い手に代わって最適なメッセージを送ってくれるので，明らかに買い手は嘘をつく必要はない．したがって，この代理人を仲介したメカニズムに誘因両立的であり，そして明らかに元のメカニズムと同じ結果を導く．

　表明原理によって，あらゆるメカニズムを検討しなくても，誘因両立的な直接メカニズムだけに対象を絞って検討したとしても一般性を失わない．これによって，我々の解くべき問題は以下のように書くことができる．

$$\max_{(q,\,p)} E[p(v)]$$

$$\text{s.t. } q(v)v - p(v) \geq q(\tilde{v})v - p(\tilde{v}) \ \ (\forall v, \forall \tilde{v}), \tag{1.2}$$

$$q(v)v - p(v) \geq 0 \ \ (\forall v)$$

目的関数は直接メカニズムから得られる収入の期待値である．制約条件として，メカニズムが誘因両立的であること，また買い手にそもそも取引に応じてもらうために，買い手の（期待）利得が非負になっていること（参加条件）が課される[4].

1.2　誘因両立性の特徴づけ

　期待収入最大化問題を数学的に記述することはできたが，この問題を力技で解くことは少し厄介だ．特に，誘因両立条件が目的関数をどのように制約するか，ぱっと見では良く分からない．そこで，第2ス

---

[4]買い手は他に財を獲得する外部機会がないと仮定し，取引に応じなければ利得ゼロとする.

第 1 章　相対取引　　　　　　　　　　　7

テップとして，誘因両立条件をもう少し扱いやすい条件に書き換える
ことにする．

　直接メカニズム (q, p) の下で，買い手の真の評価額が v であり，か
つ $\tilde{v}$ と申告したときの利得を

$$u(\tilde{v}, v) \equiv q(\tilde{v})v - p(\tilde{v})$$

と表す．更に，買い手が正直に真の評価額を申告したときの利得を

$$U(v) \equiv u(v, v) = q(v)v - p(v)$$

と表すことにしよう．直接メカニズムの誘因両立条件は以下の 2 つの
条件が成り立っていることと同値となる．

命題 1.2　直接メカニズムが誘因両立的であることは，以下の 2 つの条
件が成り立つことと同値である：

1. (単調性) 配分ルール $q(v)$ が弱増加関数である．すなわち，$v > \tilde{v}$ ならば $q(v) \geq q(\tilde{v})$ である
2. (包絡線条件) 買い手の正直申告時の利得について，

$$U(v) = U(0) + \int_0^v q(s)\mathrm{d}s \qquad (1.3)$$

が成り立っている．

証明. 本書では厳密な証明は省略する．以下では q や p など様々な関
数が微分・積分可能であると仮定して考えるが，命題 1.2 は q や p の
微分可能性などを仮定せずとも，かなり弱い条件の下で成り立つ[5]．
(**必要条件**) まず，メカニズムが誘因両立的であるならば，配分ルール

---

[5]命題 1.2 のより厳密な証明は，伊藤 (2003) などを参照せよ．また Milgrom and Segal (2002) を参照せよ．

8

$q(v)$ は弱増加関数となることを示そう．誘因両立条件 (1.1) を再掲すると

$$q(v)v - p(v) \geq q(\tilde{v})v - p(\tilde{v}) \tag{1.1}$$

である．この式の v と $\tilde{v}$ を入れかえると（真の評価額が $\tilde{v}$ のとき，v と嘘をついても得をしない条件は），

$$q(\tilde{v})\tilde{v} - p(\tilde{v}) \geq q(v)\tilde{v} - p(v)$$

である．この2式の辺々を足して整理すると，

$$q(v)(v - \tilde{v}) \geq q(\tilde{v})(v - \tilde{v})$$

となる．したがって，$v > \tilde{v}$ ならば $q(v) \geq q(\tilde{v})$ でなければならない．

　次に2番目の条件について考えよう．ここでは $q(v)$ も $p(v)$ も微分可能である場合のみ考える[6]．買い手は直接メカニズムにおいて，自身の期待利得を最大化するような最適メッセージを送る．したがって，買い手は以下の最大化問題を解くような評価額をメッセージとして送るはずである：

$$\max_{\tilde{v}} q(\tilde{v})v - p(\tilde{v})$$

この最大化の1階条件は

$$q'(\tilde{v})v - p'(\tilde{v}) = 0 \tag{1.4}$$

である．メカニズムが誘因両立的であるとは，この1階条件 (1.4) が正直申告 $\tilde{v} = v$ のとき満たされるということだから，

$$q'(v)v - p'(v) = 0$$

---

　[6]すでに $q(v)$ が弱増加関数であることを確認したので，q はほとんど至るところで微分可能となる．

第 1 章　相対取引　　　**9**

が成り立つ．これを踏まえた上で，買い手が正直に自分の評価額を申
告したときの期待利得 $U(v)$ を微分すると，

$$U'(v) = q(v) + q'(v)v - p'(v)$$
$$= q(v)$$

(1.5)

を得る．この等式がすべての v で成り立っている．(1.5) の両辺を 0 か
ら v まで積分すると，

$$U(v) - U(0) = \int_0^v q(s)\mathrm{d}s$$

が得られる．この性質は数学的にはいわゆる「包絡線定理（envelope
theorem）」と呼ばれるものに他ならない[7]．したがって，この条件はし
ばしば包絡線条件と呼ばれる．

（**十分条件**）逆に，直接メカニズムが単調性と包絡線条件を満たしてい
るとき，このメカニズムが誘因両立的であることを示そう．もしメカ
ニズムが誘因両立的でないとするならば，ある v と $\tilde{v}$ が存在して，

$$U(v) < q(\tilde{v})v - p(\tilde{v}) \tag{1.6}$$

となっている．(1.6) の右辺を変形すると，

$$q(\tilde{v})v - p(\tilde{v}) = U(\tilde{v}) + q(\tilde{v})(v - \tilde{v})$$

より，(1.6) は

$$U(v) - U(\tilde{v}) < q(\tilde{v})(v - \tilde{v})$$

---

[7] 2 変数関数 $u(\tilde{v}, v)$ の，$\tilde{v}$ に関する最大化問題 $\max_{\tilde{v}} u(\tilde{v}, v)$ を考え，その解を $\tilde{v}^* = m(v)$ とする．また，最大値関数を $U(v) \equiv u(m(v), v)$ とするとき，

$$\frac{\mathrm{d}U}{\mathrm{d}v}(v) = \frac{\partial u}{\partial v}(m(v), v)$$

が成り立つ．これを包絡線定理という．

$$\therefore \int_{\tilde{v}}^{v} q(s)\mathrm{d}s < \int_{\tilde{v}}^{v} q(\tilde{v})\mathrm{d}s \tag{1.7}$$

((1.7) 式の左辺を得るために包絡線条件を用いた.）今 $\tilde{v} < v$ とすると，単調性よりすべての $s \in [\tilde{v}, v]$ について $q(\tilde{v}) \le q(s)$ であるから，

$$\int_{\tilde{v}}^{v} q(s)\mathrm{d}s \ge \int_{\tilde{v}}^{v} q(\tilde{v})\mathrm{d}s$$

のはずであり矛盾である．$\tilde{v} > v$ の場合も同様に矛盾が生じる．ゆえにメカニズムは誘因両立的である．∎

　命題 1.2 から得られる重要なポイントの一つは，売り手はどのような財の配分ルールも実行できるというわけではない，ということだ．メカニズムが誘因両立的であるためには，配分ルールは買い手の評価額について単調でなければならない．

　第二のポイントは，誘因両立条件によって，支払いルールは財の配分ルールからほぼ自動的に特定化される，ということだ．買い手の利得が $U(v) = q(v)v - p(v)$ であることと (1.3) から，

$$p(v) = -U(0) + q(v)v - \int_{0}^{v} q(s)\mathrm{d}s \tag{1.8}$$

である．すなわち，財の配分ルール $q(\cdot)$ と評価額 0 の買い手の利得 $U(0)$ が定まると，そこから自動的に支払いルール $p(\cdot)$ が確定する．したがって，我々は最適な直接メカニズム—配分ルールと支払いルールのペア—をデザインしようとしているわけだが，支払いルールは配分ルールから自動的に定まるので，実質的に配分ルールのデザインのみに腐心すればよいのである．この性質は，第 3 章でオークションの収入同値定理として改めて述べる．

　もう一つ重要な点として，ここまでの議論において q を確率的な配分ルールとしたことは重要ではない．売り手が確定的な配分ルールの

みしか選べないと仮定したとしても，命題 1.2 は同様に成り立つ．確定的な配分ルールのみを考えるのであれば，すなわち $q(v) \in \{0, 1\}$ であるならば，命題 1.2 は次のような形で表現される．

系 1.1 配分ルールが確定的な直接メカニズムが誘因両立的であることは，以下の 2 つの条件が成り立つことと同値である：ある値 c が存在して，

1. 配分ルール $q(v)$ は以下の式を満たす[8]，

$$q(v) = \begin{cases} 0 & \text{if } v < c \\ 1 & \text{if } v > c \end{cases} \tag{1.9}$$

2. 買い手の正直申告時の利得について，

$$U(v) = U(0) + \max\{v - c, 0\} \tag{1.10}$$

が成り立っている．

証明. 配分ルールが $q(v) \in \{0, 1\}$ かつ弱増加関数であることから明らかに (1.9) を得る．また (1.9) のような配分ルールについて包絡線条件 (1.3) を具体的に計算すると，(1.10) になる．∎

　誘因両立性が，配分ルールの単調性と包絡線条件によって特徴づけられることが分かった．最後に，命題 1.2 より $U(v)$ は v の弱増加関数になっていることが分かるので，買い手の参加条件は $v = 0$ のときのみ課しておけば十分である．

命題 1.3 誘因両立的な直接メカニズムが $U(0) \geq 0$ ならば，参加条件 $U(v) \geq 0$ を満たす．

---

　[8]$v = c$ の場合の配分は 0 でも 1 でも構わない．

1.3 最適メカニズムの導出

命題 1.2, 1.3 と (1.8) より, 売り手の期待収入最大化問題 (1.2) は以下のように書き換えることができる.

$$\max_{(q,p)} E\left[-U(0)+q(v)v-\int_0^v q(s)\mathrm{d}s\right]$$

s.t. $q(v)$ is weakly increasing in v

$$U(0) \geq 0$$

計算の準備として一旦 $Q(v) = \int_0^v q(s)\mathrm{d}s$ とおく. $Q'(v) = q(v)$ であることに留意すると, 部分積分の公式から,

$$\int_0^{\bar{v}} \int_0^v q(s)\mathrm{d}s f(v)\mathrm{d}v = [Q(v)F(v)]_0^{\bar{v}} - \int_0^{\bar{v}} Q'(v)F(v)\mathrm{d}v$$

$$= Q(\bar{v}) - \int_0^{\bar{v}} q(v)F(v)\mathrm{d}v$$

$$= \int_0^{\bar{v}} q(v)\big(1-F(v)\big)\mathrm{d}v$$

である. 2 番目の等号は F が $[0,\bar{v}]$ 上の累積分布関数であることを用いている. よって売り手の目的関数は,

$$E[p(v)] = \int_0^{\bar{v}} \left(-U(0)+q(v)v-\int_0^v q(s)\mathrm{d}s\right) f(v)\mathrm{d}v$$

$$= -U(0) + \int_0^{\bar{v}} q(v)vf(v)\mathrm{d}v - \int_0^{\bar{v}} q(v)\big(1-F(v)\big)\mathrm{d}v$$

$$= -U(0) + \int_0^{\bar{v}} q(v)\left(v - \frac{1-F(v)}{f(v)}\right)f(v)\mathrm{d}v$$

と書き換えることができる．参加条件 $U(0) \geq 0$ より，最適解では明らかに $U(0) = 0$（すなわち $p(0) = 0$）である．ここで関数 $\phi(v)$ を

$$\phi(v) \equiv v - \frac{1 - F(v)}{f(v)}$$

と定義する．この関数 $\phi(v)$ を**実質価値関数**（virtual value function）と呼ぶ[9]．以下，実質価値関数は厳密な増加関数であることを仮定しよう．

仮定 1.1 実質価値関数 $\phi(v)$ は厳密な増加関数とする．すなわち，$v > \tilde{v}$ ならば $\phi(v) > \phi(\tilde{v})$．

比較的広い範囲の確率分布 F に対して，この仮定が成り立つことが知られている．確率分布 F に対して，$\lambda(v) = \frac{f(v)}{1 - F(v)}$ をハザード率という．$\lambda(v)$ が増加関数になっているとき，確率分布 F は単調ハザード率条件を満たすといい，仮定 1.1 も満たされる．単調ハザード率条件は多くの代表的な連続確率分布について成り立つことが知られている．

　今や期待収入最大化問題は，

$$\max_{q} E[q(v)\phi(v)]$$

s.t. $q(v)$ is weakly increasing in v

---

[9] 限界収入関数（marginal revenue function）と呼ぶこともある．$\phi(v)$ を実質価値と呼ぶ大雑把な（しかも必ずしも正確ではない）解釈は以下の通りだ．売り手は買い手の評価額 v を仮に知っていたならば，財の価格を v にすることで買い手から全ての余剰を吸い上げることができたはずである．しかし，売り手は買い手の評価額を知らないので，買い手の評価額を正しく引き出すために，買い手にインセンティブ（情報レント）を与えなければならない．したがって，売り手が評価額 v の買い手から引き出すことができる余剰は，買い手の評価額 v から情報レントあるいは情報収集コストを差し引いたものになる．$(1 - F(v))/f(v)$ はこの情報収集コストに対応する．つまり，売り手が評価額 v の買い手から吸い上げられる「実質的な価値」はせいぜい $v - (1 - F(v))/f(v)$ ということだ．

である．売り手の期待収入は $E[q \times \phi]$，すなわち実質価値 ϕ で計算した社会余剰（の期待値）「実質社会余剰（virtual surplus）」で表される．単調性の制約条件を無視して考えれば，実質社会余剰が最大となるのは，実質価値 $\phi(v)$ が正のとき財を配分し，実質価値が負のとき配分しない，というものだ．すなわち，

$$q^*(v) = \begin{cases} 1 & \text{if } \phi(v) \geq 0 \\ 0 & \text{if } \phi(v) < 0 \end{cases}$$

実質価値がゼロになるような買い手の評価額を $r^* \equiv \phi^{-1}(0)$ と定義すると，仮定 1.1 の下では

$$\phi(v) \geq 0 \quad \Leftrightarrow \quad v \geq r^*$$

であるから，配分ルール q^* は弱増加関数になっている．したがって，q^* が求める最適配分ルールである．

この配分ルールの下で，$v < r^*$ のときの買い手の支払額はゼロである．また $v \geq r^*$ のときの買い手の支払額は (1.8) から

$$p(v) = v - \int_{r^*}^{v} \mathrm{d}s = r^*$$

すなわち，売り手は財の価格として $p^* = r^*$ を提示する，という素朴な取引メカニズムが最適となる．

定理 1.1 仮定 1.1 の下では，財の価格 $p^* = r^*$ を提示するのが最適メカニズムである[10]．

---

[10]実際には，仮定 1.1 は必ずしも必要ではない．実質価値関数が単調でない場合でも，シンプルな確定的なメカニズムが最適メカニズム（の一つ）となることが知られている．Riley and Zeckhauser (1983) や Manelli and Vincent (2007) を参照せよ．

最適メカニズムはシンプルで，売り手は価格を提示し，買い手がその価格で買うか否かを決定する．本章の最初に導出した最適価格 p^* が結局のところ，あらゆるメカニズムの中で最も売り手にとって望ましいことが分かった[11]．

売り手にとって最適なメカニズムは，社会厚生の観点からすると非効率性を生む．売り手の財供給コストはゼロであることを仮定してきた．したがって効率性の観点からすると，買い手の評価額がいくらであろうと，常に財を配分するのが効率的である．しかし最適メカニズムでは，買い手の評価額が $v < r^*$ であるときには取引が行われない．

この性質は，売り手にとっても財に価値がある（財の供給コストがある）場合も同じだ．売り手の財に対する評価額が $v_0 > 0$ のとき，売り手の最適な配分ルールは

$$
q^*(v) = \begin{cases} 1 & \text{if } \phi(v) \geq v_0 \\ 0 & \text{if } \phi(v) < v_0 \end{cases}
$$

となる[12]．すなわち，利潤最大化の最適価格は $p^* = \phi^{-1}(v_0) > v_0$ となる．効率性の観点からすると，買い手の評価額が $v \geq v_0$ のときに取引されるのが望ましい．しかし，最適メカニズムでは買い手の評価額が $v_0 \leq v < \phi^{-1}(v_0)$ のときには取引されず，やはり非効率性が発生する．

1.4　数値例

買い手の評価額 v が $[0, 1]$ 上の一様分布に従っている場合を考えよう．このとき，v の累積分布関数と確率密度関数はそれぞれ $F(v) = v$,

---

[11]最適メカニズムデザインと独占企業の行動との関連性については，Bulow and Roberts (1989) を参照せよ．

[12]導出方法は同様なので，各自確認されたい．

16

$f(v) = 1$ であるから，買い手の実質価値関数は

$$\phi(v) = v - (1-v) = 2v - 1$$

である．したがって，売り手の最適価格 r^* は，

$$2r^* - 1 = 0 \Leftrightarrow r^* = \frac{1}{2}$$

となる．このとき実際に取引が成立する確率は $\Pr\{v \geq 1/2\} = 1/2$ であるから，売り手の最適期待収入は $1/2 \times 1/2 = 1/4$ である．

別の例として，評価額 v が $[0, \infty)$ 上に指数分布 $F(v) = 1 - e^{-\lambda v}$ に従う場合を考えよう（$\lambda > 0$ は定数）．指数分布はハザード率が一定で λ となる．よって，実質価値関数は

$$\phi(v) = v - \frac{1}{\lambda}$$

であり，最適価格は $r^* = 1/\lambda$ となる．取引が成立する確率は $\Pr\{v \geq 1/\lambda\} = 1/e$ であるから，売り手の最適期待収入は $1/\lambda e$ である．

1.5 重要な仮定

本章の最後に，ここまでの分析で重要な仮定となっているものを挙げておく．第一に，買い手の利得関数が<u>準線形</u>かつ<u>リスク中立的</u>という点がある．一般に買い手の私的情報を v，買い手の配分を q，金銭支払額を p としたとき，買い手の利得が

$$u(q, v) - p$$

のように書けるとき，買い手は準線形効用関数を持つ，という．この仮定は，ある配分 q から得られる効用が $u(q, v)$ と金銭的に評価できる

ことを意味する．利得が準線形の形になっていることで，配分 q と支払額 p の問題を，うまく配分 q の問題のみに帰着できる．そして，買い手がリスク中立的であるおかげで，確率的なメカニズムにおける期待利得もまた準線形になる．

第二に，買い手の配分 q から得られる金銭的効用 u が，**単一交差条件**

$$\frac{\partial^2 u}{\partial q\,\partial v} > 0$$

を満たしていることが重要である．本章の分析では，$u(q,v)=qv$ の形となっている．金銭的効用の部分が単一交差条件を満たしている限りにおいて，一般化が可能である．

第2章 オークション

本章では，潜在的な買い手が複数いる状況に分析を拡張する．第1章との違いは，潜在的な買い手が1人ではなく，$n\,(\geq 2)$ 人いるという点のみである．多数の潜在的な買い手がいるとき，財を誰にいくらで配分するかを決定する取引メカニズムを一般に**オークション**と呼ぶ．本章の目的は，売り手がオークションによって財を配分するとき，期待収入を最大化するような最適オークションとはどのようなものかを明らかにすることである[1].

買い手の集合を $I = \{1, \ldots, n\}$ で表し，買い手 $i \in I$ の財に対する評価額を $v_i \in V = [0, \bar{v}]$ とする．買い手 i の評価額 v_i は i だけが知る私的情報で，売り手および他の買い手には分からない．各買い手の評価額 v_i は確率分布 F_i に従って独立に分布しているとする．各 $i \in I$ について確率密度関数 $f_i = F_i'$ が存在して，$f_i(v_i) > 0$ とする．買い手の評価額の組を $v = (v_1, \ldots, v_n) \in V^n$ で表す．独立分布の仮定により，評価額の組 v の確率密度 $f(v)$ は

$$f(v) = f_1(v_1) \cdot \cdots \cdot f_n(v_n)$$

である．評価額の確率分布については，すべてのプレーヤーの間で共有知識となっているとする．

前章と同様に，オークションルールをメカニズムとして定義しておく．

---

[1]本章の分析は Myerson (1981)，Riley and Samuelson (1981) を基にしている．

20

定義 2.1 以下の 3 つの要素を定めたものをメカニズム $\Gamma = \big((M_i)_{i \in I}$, $(q_i)_{i \in I}, (p_i)_{i \in I}\big)$ という：各買い手 $i \in I$ について，

1. i が送ることのできるメッセージの集合 M_i
2. 買い手のメッセージの組 $m \equiv (m_1, \ldots, m_n) \in M \equiv \times_{i \in I} M_i$ に対して，売り手が i に財を配分する確率 $q_i(m)$ を定めた配分ルール $q_i : M \to [0, 1]$
3. 買い手のメッセージの組 $m \in M$ に対して，i が売り手に支払う金額 $p_i(m)$ を定めた支払いルール $p_i : M \to \mathbb{R}$

配分ルールが全ての $m \in M$ について $\sum_{i \in I} q_i(m) \leq 1$ となっているとき，配分ルール $q = (q_i)_{i \in I}$ あるいはメカニズム Γ は実行可能である (feasible) という．

　第 1 章との違いは，オークションのデザインにおいて買い手間の戦略的行動を考慮に入れる必要が出てくることだ．なんらかのオークションルールを所与としたとき，各買い手は自分の期待利得を最大化するような行動をとろうとする．このとき買い手たちは，互いに相手のとる行動を読み合いながら，自分にとって最適な振る舞いをする．すなわち，買い手たちはオークションというゲームの下でのナッシュ均衡をプレイすると考えられる．各買い手は自分だけが知る私的情報をもってゲームをプレイするので，ここで用いる標準的な均衡概念はベイジアン・ナッシュ均衡である．

　メカニズム Γ を所与としたとき，買い手 i の戦略とは，「自分の評価額が v_i だったとき，どのようなメッセージ $m_i(v_i)$ を送るか」を定めた行動計画 $m_i : V \to M_i$ である．各人のメッセージの組 m の下で，買い手 i が得る（事後的な）利得は

$$u_i(m, v_i) = q_i(m) v_i - p_i(m)$$

である．買い手 i 以外の買い手（$-i$ と表記する）の戦略を $m_{-i}(\cdot)$ とする．ここで i の評価額が v_i で，m_i というメッセージを送った時の（interim の）期待利得を

$$\pi_i(m_i, v_i | m_{-i}) \equiv E_{v_{-i}}\big[u_i\big((m_i, m_{-i}(v_{-i})), v_i\big)\big]$$

$$= \int_{v_{-i}} u_i(m_i, m_{-i}(v_{-i}), v_i) f_{-i}(v_{-i}) \mathrm{d}v_{-i}$$

で表す[2]．

定義 2.2　メカニズム Γ において，買い手の戦略の組 m^* が**ベイジアン・ナッシュ均衡**であるとは，すべての買い手 $i \in I$，すべての $v_i \in V$，すべての $\tilde{m}_i \in M_i$ について，

$$\pi_i(m_i^*(v_i), v_i | m_{-i}^*) \geq \pi_i(\tilde{m}_i, v_i | m_{-i}^*)$$

が成り立っていることをいう．

　ゲーム理論では，（ベイジアン・）ナッシュ均衡よりも頑健な均衡概念として，支配戦略（優位戦略; dominant strategy）がある．他のプレーヤー（買い手）がどのような行動をとったとしても，自分の利得を常に最大化する最適な戦略が存在するとき，それを弱支配戦略という．通常，弱支配戦略が存在することはまれだが，全ての買い手に弱支配戦略があるとき，それを弱支配戦略均衡と呼ぶことにする．

定義 2.3　メカニズム Γ において，買い手の戦略の組 m^* が**弱支配戦略均衡**であるとは，すべての買い手 $i \in I$，すべての評価額 $v_i \in V$，すべ

---

[2] $m_{-i}(v_{-i}) = (m_1(v_1), \ldots, m_{i-1}(v_{i-1}), m_{i+1}(v_{i+1}), \ldots, m_n(v_n))$ を表す．また $f_{-i}(v_{-i}) = f_1(v_1) \ldots f_{i-1}(v_{i-1}) f_{i+1}(v_{i+1}) \ldots f_n(v_n)$ とする．

22

ての $\tilde{m}_i \in M_i$, 全ての $m_{-i} \in M_{-i}$ について，

$$u_i\big((m_i^*(v_i), m_{-i}), v_i\big) \geq u_i\big((\tilde{m}_i, m_{-i}), v_i\big) \tag{2.1}$$

が成り立っていることをいう[3].

2.1 表明原理

本章での我々（売り手）の目標は，買い手たちがベイジアン・ナッシュ均衡（あるいは弱支配戦略均衡）に従って行動することを見越した上で，売り手の期待収入を最大化するようなメカニズムを設計することだ．第1章と同様に，考えるべきメカニズムの範囲を誘因両立的な直接メカニズムのみに限定しても一般性を失わない．各買い手 i について，メッセージの集合が $M_i = V$ であるようなメカニズムを**直接メカニズム**と呼ぶ．ある直接メカニズムで，各人の申告された評価額の組が $\tilde{v} = (\tilde{v}_1, \dots, \tilde{v}_n)$，かつ買い手 i の真の評価額が v_i であったときの買い手 i の事後的な利得を

$$u_i(\tilde{v}, v_i) = q_i(\tilde{v})v_i - p_i(\tilde{v}) \tag{2.2}$$

で表す．また，他の全ての買い手が正直に評価額 v_j ($\forall j \neq i$) を申告すると仮定した上で，真の評価額が v_i である買い手 i が評価額 $\tilde{v}_i$ を申告した時の期待利得を

$$\pi_i(\tilde{v}_i, v_i) \equiv E_{v_{-i}}\big[u_i\big((\tilde{v}_i, v_{-i}), v_i\big)\big] \tag{2.3}$$

で表す．さらに，全ての買い手が正直に申告しているときの，買い手 i の事後的な利得を

$$U_i(v) \equiv u_i(v, v_i),$$

---

[3](2.1) が常に厳密な不等号で成り立つとき，m^* は強支配戦略均衡と呼ばれる．

期待利得を

$$\Pi_i(v_i) \equiv \pi_i(v_i, v_i)$$

で表す.

　各買い手が常に正直に自分の評価額を申告することがベイジアン・ナッシュ均衡あるいは弱支配戦略均衡になっているとき，メカニズムは誘因両立的であるという.

定義 2.4　各買い手 $i \in I$ が，常に自分の真の評価額 v_i を正直に申告することがベイジアン・ナッシュ均衡になっているとき，直接メカニズム Γ は（ベイジアン）**誘因両立的** (Bayesian incentive compatible) であるという．すなわち，すべての買い手 $i \in I$，すべての v_i と $\tilde{v}_i$ について，

$$\Pi_i(v_i) \geq \pi_i(\tilde{v}_i, v_i) \tag{2.4}$$

が成り立っていることをいう.

定義 2.5　各買い手 $i \in I$ が，常に自分の真の評価額 v_i を正直に申告することが弱支配戦略均衡になっているとき，直接メカニズム Γ は弱支配戦略で誘因両立的（incentive compatible in weakly dominant strategy），あるいは**耐戦略性を満たす** (strategy-proof) という．すなわち，すべての買い手 $i \in I$，すべての v_i，すべての $\tilde{v}_i$，すべての v_{-i} について，

$$u_i(v, v_i) \geq u_i((\tilde{v}_i, v_{-i}), v_i) \tag{2.5}$$

が成り立っていることをいう.

　それぞれの均衡概念に応じて，表明原理が成り立つ.

命題 2.1 (表明原理)　任意のメカニズム $\Gamma = (M, q, p)$ における任意のベイジアン・ナッシュ均衡 $m^*(\cdot)$ に対して，それと同値な結果をもた

24

らすベイジアン誘因両立的な直接メカニズム Γ^* が存在する.

命題 2.2 (弱支配戦略の表明原理)　あるメカニズム Γ において弱支配戦略均衡 $m^*(\cdot)$ が存在するならば，それと同値な結果をもたらす耐戦略的な直接メカニズム Γ^* が存在する.

表明原理の直観は第 1 章におけるそれと全く同じなので，証明は省略する.

2.2　二位価格オークション

　本節では，本題である売り手の期待収入最大化から少し脱線して，オークション理論において最も重要なルールの一つである二位価格オークションと，その性質について確認しておこう[4]. 単一財のオークションにおいて，二位価格オークションとは以下のルールによって定められたメカニズムである.

1.　各買い手は入札額 $m_i \in \mathbb{R}_+$ を同時に提出する
2.　最も高い入札額を出した者を勝者とする[5]
3.　勝者は自分以外の入札者の出した入札額の最大値，すなわち 2 番目に高かった入札額を支払う.

命題 2.3　二位価格オークションは耐戦略性を満たす.

証明. 任意の買い手 i 以外の入札額の組を m_{-i} とし，その中で最大の入札額を $\bar{m} = \max_{j \neq i} m_j$ で表す. オークションのルールにより，買い

---

　[4]紙幅の都合上，一位価格オークションをはじめとするその他の代表的なオークションルールの紹介や分析は省略する. 興味のある読者は Krishna (2010) などを見よ.
　[5]同点の場合はランダムに勝者を決めるものとする.

手 i は $m_i > \bar{m}$ を入札すれば落札し，$m_i < \bar{m}$ を入札すれば負ける．また，落札した場合の支払額は m_i の値にかかわらず $\bar{m}$ である．

ケース 1：$v_i > \bar{m}$ のとき

買い手 i は，自分が落札するような入札額 $m_i > \bar{m}$ を出すと，利得 $v_i - \bar{m} > 0$ を得る．負ければ利得ゼロである．よって買い手 i は落札するような入札額を出すのが最適である．場合分けの仮定により，$m_i = v_i$ は最適な入札額の一つである．

ケース 2：$v_i < \bar{m}$ のとき

買い手 i は，自分が落札するような入札額 $m_i > \bar{m}$ を出すと，利得 $v_i - \bar{m} < 0$ を得る．負ければ利得ゼロである．よって買い手 i は負けるような入札額を出すのが最適である．場合分けの仮定により，$m_i = v_i$ は最適な入札額の一つである．

ケース 3：$v_i = \bar{m}$ のとき

買い手 i は落札しても負けても利得はゼロである．よって，どのような入札額も無差別なので，$m_i = v_i$ は最適な入札額の一つである．■

二位価格オークションでは，買い手は正直に自身の評価額 v_i を入札するのが弱支配戦略均衡となる．したがって，均衡では評価額が最大の買い手が財を落札する，すなわち効率的な配分が実現されることになる．

また，二位価格オークションのバリエーションとして，最低落札価格付きの二位価格オークションを導入しておく．

1. 各買い手は入札額 $m_i \in \mathbb{R}_+$ を同時に提出する
2. 最低落札価格を r とし，r 以上の入札額の中で，最も高い入札額を出した者を勝者とする
3. 勝者は自分以外の入札者の出した入札額の最大値，すなわち 2 番目に高かった入札額を支払う．ただし，最低落札価格 r 以上の入札をしたのが勝者のみの場合は，r を支払う

4. 誰も r 以上の入札をしなかった場合，財は誰にも配分しない．

任意の最低落札価格付きの二位価格オークションは依然として耐戦略性を満たす．これは，最低落札価格 r を「売り手自身が一人の入札者として入札額 r を出している」と解釈すれば明らかだ．最低落札価格 r が売り手にとっての財の評価額であるならば，r 付きの二位価格オークションは常に効率的な配分を実現する．しかし，最低落札価格が売り手の財の評価額と異なる場合，均衡配分が非効率的になる可能性が生じる．

2.3 誘因両立性の特徴づけと収入同値定理

表明原理によって，我々の解くべき問題は以下のように定式化できる．

$$\max_{(q,p)} E\Big[\sum_{i \in I} p_i(v)\Big]$$

$$\text{s.t. } \Pi_i(v_i) \geq \pi_i(\tilde{v}_i, v_i) \quad (\forall i, \forall v_i, \forall \tilde{v}_i),$$

$$\Pi_i(v_i) \geq 0 \quad (\forall i, \forall v_i), \tag{2.6}$$

$$\sum_{i \in I} q_i(v) \leq 1 \quad (\forall v)$$

目的関数は直接メカニズムから得られる収入の期待値である．制約条件として，メカニズムが誘因両立的であることと，参加条件が課される．最後の条件は配分の実行可能性である．

　期待収入最大化問題を解くために，第 1 章と同様に誘因両立条件を扱いやすい形に書き換える．他の買い手が正直に自分の評価額を申告

していると仮定すると，買い手 i の期待利得は (2.2)，(2.3) より，

$$\pi_i(\tilde{v}_i, v_i) = Q_i(\tilde{v}_i)v_i - P_i(\tilde{v}_i) \tag{2.7}$$

と書ける．ここで，

$$Q_i(\tilde{v}_i) = E_{v_{-i}}[q_i(\tilde{v}_i, v_{-i})]$$

$$P_i(\tilde{v}_i) = E_{v_{-i}}[p_i(\tilde{v}_i, v_{-i})]$$

である．期待利得を (2.7) のように表現すれば，誘因両立条件 (2.4) は第 1 章におけるそれ (1.1) と全く同形となることが分かる．したがって，命題 1.2 をそのまま以下のように適用することができる．

命題 2.4　直接メカニズムが誘因両立的であることは，以下の 2 つの条件が成り立つことと同値である：すべての $i \in I$ について，

1. (単調性) $Q_i(v_i)$ が弱増加関数である
2. (包絡線条件) 買い手 i の正直申告時の利得について，

$$\Pi_i(v_i) = \Pi_i(0) + \int_0^{v_i} Q_i(s)\mathrm{d}s \tag{2.8}$$

　が成り立っている．

　誘因両立条件によって，支払いルールは財の配分ルールからほぼ自動的に特定化される．買い手 i の財の期待配分 $Q_i(v_i)$ は，自分の配分 $q_i(v)$ を，他の買い手の評価額について期待値をとったものだ．買い手の利得が $\Pi_i(v_i) = Q_i(v_i)v_i - P_i(v_i)$ であることと (2.8) から，

$$P_i(v_i) = -\Pi_i(0) + Q_i(v_i)v_i - \int_0^{v_i} Q_i(s)\mathrm{d}s \tag{2.9}$$

である．すなわち，財の配分ルール $q(\cdot)$ と評価額 0 の買い手の期待利

28

得 $\Pi_i(0)$ が定まると，そこから自動的に期待支払額 $P_i(v_i)$ が確定する．この性質が，オークション理論における最も重要な定理の一つである**収入同値定理**を導く．

命題 2.5 (収入同値定理) 各買い手の評価額はすべて同一の確率分布 $F_i = F$ に従うとする．このとき，以下の条件をすべて満たす任意のオークションのベイジアン・ナッシュ均衡における売り手の期待収入はすべて同一である．

1. 入札額が最大の買い手が落札者となる
2. 対称なベイジアン・ナッシュ均衡が存在して，均衡戦略は評価額について厳密な増加関数になっている
3. 評価額 0 の場合の期待利得 $\Pi_i(0) = 0$.

証明. 任意のオークションを考え，対称なベイジアン・ナッシュ均衡が存在するとする．均衡における買い手 i の期待財配分 $Q_i(v_i)$ とは，i が財を落札する確率である．均衡戦略を $\beta(v_i)$ とすると，β は厳密な増加関数であるので，買い手 i が落札するのは，i の評価額 v_i がすべての評価額の中で最大であるときである．すなわち，

$$\beta(v_i) > \beta(v_j). (\forall j \neq i) \Leftrightarrow v_i > v_j, (\forall j \neq i)$$

である．したがって，均衡における買い手 i の落札確率 $Q_i(v_i)$ は，「i 以外の買い手の評価額がすべて v_i 以下である確率」に一致する．これを $G(v_i) \equiv F(v_i)^{n-1}$ で表すことにする．$\Pi_i(0) = 0$ と (2.9) より，買い手 i の評価額が v_i のとき，売り手への期待支払額は

$$P_i(v_i) = G(v_i)v_i - \int_0^{v_i} G(s)\mathrm{d}s$$

と書ける．確率分布 G は，各買い手の評価額の分布 F によって定まる

ものであるから，右辺はオークションのルールとは関係がない値となる．売り手の期待収入は $nE[P_i(v_i)]$ であるから，この値はオークションのルールとは関係がない値である．∎

収入同値定理は，メカニズムデザインでも極めて重要な役割を持つ．分布の対称性などを仮定しない場合でも，買い手の期待支払額は財の配分ルールによって自動的に定まるので，我々は財の配分ルールの設計のみに腐心すればよいことになる．

命題 2.6 (収入同値定理 2) 誘因両立的な 2 つのメカニズム $\Gamma = (q, p)$ と $\hat{\Gamma} = (\hat{q}, \hat{p})$ を考える．全ての買い手 $i \in I$ とすべての $v_i \in V$ について，$Q_i(v_i) = \hat{Q}_i(v_i)$ かつ $P_i(0) = \hat{P}_i(0)$ であるならば，2 つのメカニズムから得られる売り手の期待収入は同一である．

第 1 章と同様に，$\Pi_i(v_i)$ は v_i の弱増加関数になるので，買い手の参加条件は $v_i = 0$ のときのみ課しておけば十分である．

命題 2.7 誘因両立的な直接メカニズムが $\Pi_i(0) \geq 0$ ならば，参加条件を満たす．

ここまでの議論はベイジアン誘因両立性に関するものであったが，これを耐戦略性の特徴づけに応用することもできる．買い手 i の耐戦略性の条件 (2.5) は，

$$q_i(v_i, v_{-i})v_i - p_i(v_i, v_{-i}) \geq q_i(\tilde{v}_i, v_{-i})v_i - p_i(\tilde{v}_i, v_{-i})$$

と書ける．これがすべての v_{-i}（と v_i, $\tilde{v}_i$）について成り立つ．v_{-i} を単なるパラメータとみなしてやれば，以下が成り立つ．

系 2.1 直接メカニズムが耐戦略的であることは，以下の 2 つの条件が成り立つことと同値である：すべての $i \in I$ とすべての $v_{-i} \in V^{n-1}$ に

30

ついて,

1. 配分ルール $q_i(v_i, v_{-i})$ が v_i について弱増加関数である
2. 買い手の正直申告時の利得について,

$$U_i(v_i, v_{-i}) = U(0, v_{-i}) + \int_0^{v_i} q_i(s, v_{-i}) \mathrm{d}s \qquad (2.10)$$

が成り立っている.

更に,売り手が確定的な配分ルールのみしか選べずとも,命題 2.4 は同様に成り立つ.全ての買い手にとって,配分ルールが $q_i(v) \in \{0, 1\}$ である場合,系 2.1 は更に以下のように書ける.

系 2.2 配分ルールが確定的な直接メカニズムが耐戦略的であることは,以下の 2 つの条件が成り立つことと同値である:すべての $i \in I$ とすべての $v_{-i} \in V^{n-1}$ について,ある値 $c_i(v_{-i})$ が存在して,

1. 配分ルール $q_i(v)$ は以下の式を満たす,

$$q_i(v_i, v_{-i}) = \begin{cases} 0 & \text{if } v_i < c_i(v_{-i}) \\ 1 & \text{if } v_i > c_i(v_{-i}) \end{cases}$$

2. 買い手の正直申告時の利得について,

$$U_i(v) = U(0, v_{-i}) + \max\{v_i - c_i(v_{-i}), 0\}$$

が成り立っている.

2.4 最適メカニズムの導出

第1章と同様に，実質価値関数を

$$\phi_i(v_i) \equiv v_i - \frac{1 - F_i(v_i)}{f_i(v_i)}$$

と定義し，すべての買い手について厳密な増加関数であることを仮定しよう．

仮定 2.1 すべての $i \in I$ について，実質価値関数 $\phi_i(v_i)$ は厳密な増加関数とする．

第1章と同様の計算によって，買い手 i の期待支払額は

$$E[P_i(v_i)] = -\Pi_i(0) + \int_0^{\bar{v}} Q_i(v_i)\phi_i(v_i)f_i(v_i)\mathrm{d}v_i$$

$$= -\Pi_i(0) + \int_{v \in V^n} q_i(v_i, v_{-i})\phi_i(v_i)f(v)\mathrm{d}v$$

と書き換えることができる[6]．したがって，売り手の目的関数は

$$E\left[\sum_{i \in I} P_i(v_i)\right] = -\sum_{i \in I}\Pi_i(0) + \sum_{i \in I}\int_{v \in V^n} q_i(v)\phi_i(v_i)f(v)\mathrm{d}v$$

$$= -\sum_{i \in I}\Pi_i(0) + \int_{v \in V^n}\sum_{i \in I}\Big(q_i(v)\phi_i(v_i)\Big)f(v)\mathrm{d}v$$

$$= -\sum_{i \in I}\Pi_i(0) + E\left[\sum_{i \in I} q_i(v)\phi_i(v_i)\right]$$

---

[6] $Q_i(v_i) = \int_{v_{-i}} q_i(v_i, v_{-i})f_{-i}(v_{-i})\mathrm{d}v_{-i}$ であることに注意せよ．

と書ける．参加条件 $\Pi_i(0) \geq 0$ より，最適解ではすべての $i \in I$ について $\Pi_i(0) = 0$ である．よって期待収入最大化問題 (2.6) は，

$$\max_q E\Big[\sum_{i \in I} q_i(v)\phi_i(v_i)\Big]$$

$$\text{s.t. } Q_i(v_i) \text{ is weakly increasing in } v_i$$

$$\sum_{i \in I} q_i(v) \leq 1$$

となる．第 1 章と同様に，売り手の期待収入は実質価値 ϕ_i で計算した期待実質社会余剰で表される．ここで，一旦 $Q_i(v_i)$ の単調性を無視した上で，仮に各買い手の評価額の組 v が分かった場合の事後的な実質社会余剰最大化問題を考えてみよう：

$$\max_q \sum_{i \in I} q_i(v)\phi_i(v_i) \text{ s.t.} \sum_{i \in I} q_i(v) \leq 1 \tag{2.11}$$

最大化問題 (2.11) の解となる配分ルールを q^* とするとき，各買い手 i について

$$Q_i^*(v_i) = E_{v_{-i}}[q_i^*(v_i, v_{-i})]$$

が弱増加関数であれば，q^* は元の期待収入最大化問題の解である．実質社会余剰最大化問題 (2.11) は簡単な線形計画問題だ．その解は，実質価値 $\phi_i(v_i)$ が正であるような買い手の中で，実質価値が最大の買い手に財を配分すればよい．すなわち，

$$q_i^*(v) = \begin{cases} 1 & \text{if } \phi_i(v_i) \geq 0 \text{ and } \phi_i(v_i) > \phi_j(v_j), (\forall j \neq i) \\ 0 & \text{otherwise} \end{cases} \tag{2.12}$$

仮定 2.1 の下では，この配分は単調性の条件を満たす．なぜならば，ϕ_i は厳密な増加関数なので，他の買い手の評価額 v_{-i} を所与としたとき，

買い手 i が評価額 v_i で財を獲得する（すなわち $\phi_i(v_i) \geq 0$ かつ全ての $j \neq i$ について $\phi_i(v_i) > \phi_j(v_j)$）ならば，$i$ の評価額のみ $\hat{v}_i > v_i$ に変更したとしてもやはり財を獲得する．すなわち，任意の v_{-i} に対して，$q_i^*(\cdot, v_{-i})$ は弱増加関数である．したがって，その期待値である $Q_i^*(v_i)$ もまた増加関数である．以上から，最適メカニズムの配分ルールが導出された．

定理 2.1 仮定 2.1 の下では，売り手の最適メカニズムの配分ルールは，(2.12) である．

ひとたび最適な配分ルール q^* を (2.12) と定めれば，収入同値定理によって，買い手 i の期待支払額は

$$P_i(v_i) = Q_i^*(v_i)v_i - \int_0^{v_i} Q_i^*(s)\mathrm{d}s \tag{2.13}$$

に定まる．各買い手の期待支払額が (2.13) を満たす限りにおいて，どのような支払いルール p も最適である．中でも，配分ルール q^* が確定的かつ $q_i^*(v_i, v_{-i})$ が v_i について弱増加関数となっていることに着目すると，系 2.2 を適用して耐戦略性を満たすことができる．支払いルールを

$$p_i^*(v) = \begin{cases} \min\{s \,|\, \phi_i(s) \geq 0 \text{ and } \phi_i(s) \geq \phi_j(v_j), \ (\forall j \neq i)\} & \text{if } q_i^*(v) = 1 \\ 0 & \text{otherwise} \end{cases}$$

と定めてやれば，直接メカニズム (q^*, p^*) は耐戦略性を満たす．

各買い手の評価値の分布が同一で $F_i = F$ であるときを考えよう．このとき各人の実質価値関数は同一で $\phi_i(v_i) = \phi(v_i)$ になるから，

$$\phi(v_i) \geq \phi(v_j) \iff v_i \geq v_j,$$

34

よって，買い手の評価額が $r^* \equiv \phi^{-1}(0)$ 以上かつ最大の者が財を獲得するのが，最適な配分ルールとなる．この配分ルールは，最低落札価格を r^* とした二位価格オークションの均衡で実現される配分に他ならない．

定理 2.2 　買い手の評価額の分布が同一で $F_i = F$ かつ仮定 2.1 を満たすとする．このとき $r^* \equiv \phi^{-1}(0)$ を最低落札価格とする二位価格オークションは，最適メカニズムの一つである．

　そのほかにも，例えば同じ最低落札価格 r^* 付きの一位価格オークションは最適メカニズムの一つである．買い手の入札額 v_i ($\geq r^*$) に対して，財配分に関係なく常に $P_i(v_i) = G(v_i)v_i - \int_{r^*}^{v_i} G(s)\mathrm{d}s$ を支払わせるオークション（オールペイオークション）や，落札した場合のみ，

$$P_{i,win}(v_i) = v_i - \frac{\int_{r^*}^{v_i} G(s)\mathrm{d}s}{G(v_i)}$$

を支払わせるようなオークションも最適メカニズムの一つである[7]．

　買い手の評価額の分布が同一で，$[0, 1]$ 上の一様分布に従う場合を考えよう．このとき，1.4 節より $r^* = 1/2$ である．よって，このときの最適オークションの一つは，（買い手の人数に関係なく）$r^* = 1/2$ を最低落札価格とする二位価格オークションである．更に買い手が 2 人（$n = 2$）のときを考えると，$G(v_i) = F(v_i) = v_i$ である．よって各買い手の

---

[7] $G(v_i) = F(v_i)^{n-1}$ である．対称分布の場合，

$$Q_i^*(v_i) = \begin{cases} 0 & \text{if } v_i < r^* \\ G(v_i) & \text{if } v_i \geq r^* \end{cases}$$

である．

期待支払額 $E[P_i(v_i)]$ は

$$\int_0^1 P_i(v_i)\mathrm{d}v_i = \int_{\frac{1}{2}}^1 v_i^2 \mathrm{d}v_i - \int_{\frac{1}{2}}^1 \int_{\frac{1}{2}}^{v_i} s\mathrm{d}s\mathrm{d}v_i = \frac{5}{24}$$

ゆえに売り手の期待収入は $2 \times 5/24 = 5/12$ である. 因みに, 買い手2人一様分布のとき, 最低落札価格なしの二位価格オークションにおける売り手の期待収入は $1/3 < 5/12$ である.

2.5 複数財オークションへの応用

ここまで, 売り手が単一財をオークションにより配分する問題を考えてきた. 第1章から仮定してきた重要な条件（準線形効用, 単一交差性, 1次元の私的情報）を満たしている限りにおいて, 売り手が複数財を配分する場合へと容易に分析を拡張することができる. 単一財から複数財の配分問題へと発展させたとき, 本質的に変わるのは実行可能な配分ルールの定義である. 一方, 買い手の誘因両立条件の特徴づけなど, 分析の多くの部分で配分ルールの定義や実行可能性は大きな影響を及ぼしていない. したがって, 「誘因両立条件を使って売り手の期待収入を実質社会余剰の形に書き換える」という部分については, 具体的な配分問題の中身に関係なく適用できるのだ. 仮定2.1を満たしているのであれば, 売り手の最適配分ルールは, 実質社会余剰を最大化するような配分ルールとなる.

2.5.1 複数単位オークション

売り手が, K (≥ 2) 単位の同質財を配分するオークションを考えよう. 潜在的な買い手は n ($\geq K+1$) 人いて, 各人は1単位のみ財を需要するものとする. 財の評価額を v_i とし, 財が複数単位あることを除けば, 本章のこれまでのモデルと全く同一の状況を仮定しよう. 簡単化

36

のため買い手の評価額の分布は同一で $F_i = F$ とし，仮定 2.1 を満たすとする．また，$r^* = \phi^{-1}(0)$ とする．

売り手の期待収入最大化問題は，以下のような形に書き換えられる[8]．

$$\max_q E\Big[\sum_{i \in I} q_i(v)\phi(v_i)\Big]$$

s.t. $Q_i(v_i)$ is weakly increasing in v_i

q is feasible

ここで配分ルールが実行可能であるとは，

$$q_i(v) \in [0, 1]$$

$$\sum_{i \in I} q_i(v) \leq K$$

である．これまでと同様に単調性の条件を無視し，買い手の評価額の組 v が分かっている場合の事後的な実質社会余剰最大化問題

$$\max \sum_{i \in I} q_i(v)\phi(v_i) \;\; \text{s.t. } q \text{ is feasible}$$

を考えれば，その解は

$$q_i^*(v) = \begin{cases} 1 & \text{if } v_i \geq r^* \text{ and } v_i \geq v^{(K)} \\ 0 & \text{otherwise} \end{cases}$$

であることは明らかだ．ここで $v^{(j)}$ とは，$\{v_1, \ldots, v_n\}$ の中で j 番目に大きな値を表す[9]．つまり，評価額が r^* 以上（＝ 実質価値が 0 以上）で

---

[8]導出はこれまでの分析と全く同じなので省略する．

[9]同じ値が複数ある場合の扱いは省略する．

あるような買い手の中で，上位 K 番目までの者に財を配分する．評価額が r^* 以上の買い手が K 人未満の場合，余った財は配分せず売り手が保有する．配分ルール q^* は明らかに単調性を満たしている．

更に，単一財のケースと同様，配分ルールは確定的で，買い手 i の配分 $q_i^*(\cdot, v_{-i})$ は v_i について弱増加関数となっている．したがって，系 2.2 によって耐戦略性を満たすような支払いルールは

$$p_i^*(v) = \begin{cases} \max\{v^{(K+1)}, r^*\} & \text{if } q_i^*(v) = 1 \\ 0 & \text{otherwise} \end{cases}$$

と特徴づけられる．このオークションルールは，最低落札価格を r^* とした「$K+1$ 位価格オークション」である．すなわち，各買い手の入札額のうち，r^* 以上の中で上位 K 番目までの買い手に財を配分する．評価額が r^* 以上の買い手が K 人未満の場合は，余った財は配分しない．落札者は，第 $K+1$ 番目の入札額あるいは最低落札価格 r^* の大きい方を支払う．単一財のケースの，最低価格付き二位価格オークションの自然な拡張版が最適であることが分かる．

定理 2.3　各買い手の評価額の分布が同一で，仮定 2.1 を満たすとする．売り手が K 単位の同質財を配分するとき，最低価格を r^* とする $K+1$ 位価格オークションは，売り手の期待収入を最大化し，かつ耐戦略性を満たす[10]．

2.5.2　ポジションオークション

次に，売り手が K (≥ 2) 個の品質が異なる異質財 $\{1, 2, \dots, K\}$ を配分するオークションを考える．財 k の品質を $\alpha_k > 0$ で表し，全ての買

---

[10]この結果を得るためには，買い手が高々1単位までしか財を購入しないことが重要である．買い手が 2 財以上を需要する場合の分析は大きく異なってくる．

38

い手にとって財の品質は同様に評価されるものとする．買い手は n ($\geq$ $K+1$) 人いて，高々1つの財を獲得することができる．私的情報 $v_i \in$ V を持つ買い手 i が財 k を獲得したとき，そこから得られる金銭的価値は $\alpha_k v_i$ であるとする．つまり，v_i は1品質単位あたりの評価額を表し，各人にとって財の評価額は「財の品質 × 品質単位あたり評価額」になっているとする．一般性を失うことなく

$$\alpha_1 \geq \alpha_2 \geq \cdots \geq \alpha_K$$

とする．また，便宜的に $\alpha_{K+1} \equiv 0$ と定義しておこう．

このような状況の典型例は，インターネットの検索連動広告オークションである[11]．Google などの検索プロバイダは，検索される単語に応じて，その単語に関連する広告を検索結果と同時にいくつか表示する．広告が検索結果の上部に表示されるほど，検索者の目に留まりやすく広告効果は大きい．広告が一人の検索者の目に留まり，広告リンクがクリックされたときの広告主 i にとっての広告の価値を v_i とする．検索結果の最上位に広告が表示された場合に，検索者の目に留まる（広告がクリックされる）回数を α_1，上から2番目に表示された場合の回数を α_2，... とすると，広告 i が上から第 k 番目に表示される場合の広告の総評価額は $\alpha_k v_i$ である．実際に，この広告枠はオークションを通じて配分されている．また，検索連動広告に限らず，ソーシャルネットワーキングサービス（SNS）内の広告をはじめ，近年あらゆるインターネット広告の広告枠はオークションを通じて配分されている．

簡単化のため買い手の評価額の分布は同一で $F_i = F$ とし，仮定 2.1 を満たすとする．また，$r^* = \phi^{-1}(0)$ とする．更に，確定的な配分ルールのみを考えることにする[12]．

買い手 i の配分を $a_i \in \{1, \ldots, K, K+1\}$ で表すことにする．$a_i \leq K$ の

---

[11] 詳細は Edelman et al. (2007) や Varian (2007) を参照せよ．

[12] 確率的な配分を許したとしても，この節の分析の結論は変わらない．

ときは，a_i は買い手 i が獲得した財を表し，$a_i = K+1$ によって財を獲得しなかったことを表す．財の配分を $a = (a_1, \ldots, a_n)$ で表し，配分が実行可能であるとは a が

$$a_i \leq K \Rightarrow (\forall j \neq i), a_j \neq a_i$$

を満たしていることをいう[13]．実行可能な配分の集合を $A \subset \{1, \ldots, K+1\}^n$ で表すことにする．売り手の実行可能な配分ルールを $a : V^n \to A$，直接メカニズムを $\Gamma = (a, p)$ とする．買い手 i が財 a_i を獲得し，p_i を支払った時の利得は

$$\alpha_{a_i} v_i - p_i$$

である．

　直接メカニズム (a, p) が与えられたとき，買い手 i が得る（事後的な）財の品質を

$$q_i(v) \equiv \alpha_{a_i(v)}$$

と定義する．更に，他の全ての買い手が正直に評価額を申告する場合に，買い手 i が $\tilde{v}_i$ と申告したときに得る財の期待品質は

$$Q_i(\tilde{v}_i) \equiv E_{v_{-i}}[q_i(\tilde{v}_i, v_{-i})]$$

と表せる．このようにすれば，メカニズムにおける買い手 i の事後的な利得および期待利得はそれぞれ

$$u_i(\tilde{v}, v_i) = q_i(\tilde{v}) v_i - p_i(\tilde{v}),$$

$$\pi_i(\tilde{v}_i, v_i) = Q_i(\tilde{v}_i) v_i - P_i(\tilde{v}_i)$$

---

[13]要するに，2 人以上が同じポジションを割り当てられない，ということだ．ただし，ポジション $K+1$ は財を割り当てないことを表すので，$K+1$ のみは 2 人以上割り当てられていても構わない．

と表せ，これまでの分析を適用できる．したがって，売り手の期待収入最大化問題は，

$$\max E\Big[\sum_{i \in I} q_i(v)\phi(v_i)\Big]$$

$$\text{s.t. } Q_i(v_i) \text{ is weakly increasing in } v_i$$

$$a \in A$$

と表せる．

これまでと同様に単調性の条件を無視し，買い手の評価額の組 v が分かっている場合の事後的な実質社会余剰最大化問題

$$\max_{a \in A} \sum_{i \in I} \alpha_{a_i(v)}\phi(v_i)$$

を考えよう．$\{\phi(v_1), \ldots, \phi(v_n)\}$ の中で j 番目に大きな値を $\phi^{(j)}$ で表すことにする．$\sum \alpha_k \phi(v_i)$ を最大にするには，実質価値 $\phi(v_i)$ が大きい順に高品質の財を割り当てる，すなわち

$$a_i(v) = k \Leftrightarrow \phi(v_i) = \phi^{(k)}$$

とすればよいことが容易に示される[14]．当然，実質価値が負の買い手には財を配分しない方が良いから，分布の対称性と仮定 2.1 より売り手の最適な配分ルールは以下のようなものになる：

$$a_i^*(v) = \begin{cases} k & \text{if } v_i \geq r^* \text{ and } v_i = v^{(k)}, (k \leq K) \\ K+1 & \text{otherwise} \end{cases} \tag{2.14}$$

つまり，評価額が r^* 以上（＝実質価値が 0 以上）であるような買い手

---

[14]証明は省略する．また同じ値が複数ある場合の扱いも省略する．

に対して，評価額の大きい順に高品質の財を割り当てる．評価額が r^* 以上の買い手が K 人未満の場合，余った下位の財は配分されない．任意の v_{-i} について，買い手 i の得る財の品質 $q_i^*(\cdot, v_{-i}) = \alpha_{a_i^*(\cdot, v_{-i})}$ は v_i について弱増加関数となる．したがって，この配分ルール a^* は単調性を満たす．

系 2.1 を使えば，耐戦略性を満たすような支払いルールを特徴づけることができる．ひとまずすべての買い手について，$v_i \geq r^*$ のケースを考えることにしよう．買い手 i の評価額が $v_i > r^*$ かつ，$v_i = v^{(k)}$ のとき，i は財 k を手に入れる．i 以外の評価額の組 v_{-i} を固定したときの i の配分 $q_i(\cdot, v_{-i})$ を考えると，i の評価額が $v_i < v_{-i}^{(K)}$ ならば財を手に入れない[15]．i の評価額が $v_{-i}^{(K)} \leq v_i \leq v_{-i}^{(K-1)}$ ならば，i は財 K を手に入れる．i の評価額が $v_{-i}^{(K-1)} \leq v_i \leq v_{-i}^{(K-2)}$ ならば，i は財 $K-1$ を手に入れる，$\ldots$，以下同様に考えると，買い手 i の支払額は (2.10) より

$$p_i^*(v) = \alpha_k v_i - \int_0^{v_i} q_i(s, v_{-i})\mathrm{d}s$$

$$= \alpha_k v_i - \alpha_K(v_{-i}^{(K-1)} - v_{-i}^{(K)}) - \alpha_{K-1}(v_{-i}^{(K-2)} - v_{-i}^{(K-1)})$$

$$\cdots - \alpha_k(v_i - v_{-i}^{(k-1)})$$

$$= \sum_{j=k}^{K} (\alpha_j - \alpha_{j+1})v_{-i}^{(j)}$$

と定まる．評価額が r^* 未満の買い手がいるケースも考慮したとき，財 k を獲得した買い手の支払額は，

$$p_k^*(v) = \sum_{j=k}^{K} (\alpha_j - \alpha_{j+1})\max\{v^{(j+1)}, r^*\} \tag{2.15}$$

---

[15] v_{-i} の中で j 番目に高い評価額を $v_{-i}^{(j)}$ と書くことにする．

42

となる.

定理 2.4 各買い手の評価額の分布が同一で,仮定 2.1 を満たすとする.売り手が K 単位の異質財(ポジション)を配分するとき,(2.14) と (2.15) で定められたメカニズム (a^*, p^*) は最適かつ耐戦略性を満たす.

2.6 最適オークションは どれくらい「最適」なのか

ここまで潜在的な買い手の数を所与としたとき,どのようなオークションが売り手の期待収入を最大化するかを分析してきた.定理 2.2 でみたように,各買い手が事前には対称的で,評価額が同一の確率分布 F に独立に従っているとき,最低落札価格 r^* をつけた二位価格オークションは最も売り手にとって好ましい.それでは,この最低落札価格 r^* を設定することは,売り手の期待収入にどの程度効果があるのだろうか?

買い手の評価額の分布が $[0, 1]$ 上の一様分布に従う場合を考えよう.このときの最適オークションは,買い手の人数に関係なく最低落札価格を $r^* = 1/2$ とした二位価格オークションである.2.4 節の最後に見たように,買い手が 2 人のときの最適オークションにおける売り手の期待収入は 5/12 である.この値は買い手が 2 人のときの(最低落札価格なしの)二位価格オークションの期待収入 1/3 より確かに大きい.しかし,買い手が 1 人増えて 3 人になったときの最低落札価格なしの二位価格オークションの期待収入は 1/2 で,買い手 2 人のときの最適オークションよりも期待収入が大きくなる.

以下では Bulow and Klemperer (1996) にならって,n 人の潜在的な買い手に対して最適オークションを実施した場合と,買い手をもう 1 人

探してきて，$n+1$ 人に対して（最低落札価格無しの）二位価格オークションを実施した場合を比較することで，最適な最低落札価格の期待収入への効果を考えてみよう．

　潜在的な買い手の評価額はすべて同一の確率分布 F に独立に従っているとする．まず議論の出発点として，n 人の潜在的な買い手がいて，売り手は財を必ずこの中の誰かに配分しなければならないと仮定したときの最適メカニズムを考えてみよう[16]．2.4 節の分析より，売り手の期待収入は，売り手の実質社会余剰で表される．売り手が財を必ず配分しなければならない条件の下で実質社会余剰を最大にする配分方法は，単に実質価値が最大の者に（実質価値の正負に関係なく）配分することである．分布の対称性より，これはすなわち評価額が最大の者に配分することである．つまり，n 人の潜在的な買い手がいて，財を必ず誰かに配分しなければならないときの最適メカニズムとは，通常の二位価格オークション（を含む標準的なオークションすべて）に他ならない．

　このことを踏まえて，$n+1$ 人の潜在的な買い手がいるとき，以下のようなメカニズムを考えてみよう．売り手は $n+1$ 人のうち一人（A 氏と呼ぶことにする）を除く n 人を指定し，n 人のときの最適メカニズムを実施する．この最適メカニズムでは，売り手は財を配分しない可能性がある．売り手が財を配分しないと決まった場合には，その財を A 氏に価格ゼロで配分する．

　以上のメカニズムから得られる売り手の期待収入は，明らかに n 人の最適メカニズムから得られるそれと同一である．また同時に，このメカニズムの下では必ず誰かに財が配分される．更に，このメカニズムで実現する配分ルールは，$n+1$ 人の二位価格オークションのそれとは異なり，必ずしも評価額が最大の者に財が配分されるとは限らない．

---

[16] 以下の議論は Kirkegaard (2006) に従う．

44

A 氏に配分されるとき，A 氏の評価額が最大であるとは限らない．し
たがって，このメカニズムから得られる期待収入は，$n+1$ 人の二位価
格オークションから得られる期待収入よりも少ない．

　以上の議論より，以下の結果が得られた．

定理 2.5 (Bulow and Klemperer, 1996)　各買い手の評価額の分布が同
一で，かつ仮定 2.1 を満たすとする．このとき潜在的な買い手が n 人
の最適メカニズムよりも，潜在的な買い手が $n+1$ 人の二位価格オーク
ションの方が売り手の期待収入は大きい．

この結果は，最適メカニズムの設計に対する重要な注意を与えている．
期待収入を最大化したいと考える売り手は，評価額の分布関数を適切
に推定し，巧妙に最低落札価格を設定することは有効ではあるが，そ
れ以上に同じような潜在的な買い手をもう一人探してきて，買い手間
の競争を高めることの方が効果的なのだ．

2.7　重要な仮定

　本章の分析において重要となるのは分布の独立性である．各買い手
の評価額 v_i が独立に分布していることで，買い手 i の申告が $\tilde{v}_i$ のと
き，財を獲得する確率 $Q_i(\tilde{v}_i)$ や期待支払額 $P_i(\tilde{v}_i)$ が i の真の評価額 v_i
とは独立に定まることが本章の分析の鍵となっている．買い手の評価
額が互いに相関しているような場合は，本章の分析は適用できず，収
入同値定理も成り立たない．また，評価額が相関しており，特定の条
件を満たしている場合には，売り手は効率的に財を配分し，かつ買い
手からすべての余剰を搾取するようなメカニズムが設計可能となる[17].

---

[17]Crémer and McLean (1988) を参照せよ．

大雑把にいうと，評価額が相関しているとき，誰かが嘘をついた（と予想される）場合にその者を大きく罰することで，買い手にレントを与えずに誘因両立性を満たすことができるようになる．

第3章 動学的メカニズムデザイン

本章では，これまでの分析を時間を通じた配分問題へと応用する．メカニズムデザインの分析手法を動学的な問題へと応用する**動学的メカニズムデザイン** (dynamic mechanism design) の研究は，近年の理論経済学の最先端トピックの一つである[1]．

動学的メカニズムデザインの理論研究は大きく2種類の動学に着目する研究に分かれる．第一は，買い手の私的情報の変動を考慮に入れるものだ．例えば，旅行者が旅先の滞在ホテルを予約するのは，実際に旅行に出発するよりかなり以前であることが多い．ホテルを予約する時点では，旅行者はその旅行から得られる価値をおおよそは知っていると考えられるが，実際の価値は急な都合の変化などによって変動する可能性がある．このように，買い手が売り手と取引契約を結ぶ時点では，買い手は財の評価額 v_i を完全には把握しておらず，実際に財を消費する時点になって初めて評価額が定まる，というような状況が分析の対象だ．買い手の持つ私的情報が時間を通じて変化する可能性があるとき，売り手は財の価格だけでなく，変更・キャンセルの可否などについて詳細なルールを定めた**条件付き契約**のメニューを用意することで，買い手の契約時点の私的情報だけでなく，変動後の私的情報も汲み取ることができる（逐次スクリーニング）[2]．

---

[1] 動学的メカニズムデザインに関する解説としては，Bergemann and Välimäki (2019) を参照せよ.

[2] 逐次スクリーニングについては Courty and Li (2000) を参照せよ.また，一般に買い手の私的情報が時間を通じて変動する状況におけるメカニズムデザインは，Esö and Szentes (2007) や Pavan et al. (2014) を参照せよ.

48

　第二の研究の流れは，買い手の私的情報は変動しないが，売り手との取引のタイミングが買い手によって異なるような状況を考えるものだ．前章では，売り手は全ての潜在的な買い手が一堂に会している状況での最適メカニズムを考えた．しかし，現実の商取引では，そのような状況ばかりではなく，買い手が取引（あるいは市場）に参入するタイミングがばらばらであることが多い．先ほどのホテル予約の例でいえば，旅行計画を立てて実際にホテルを予約するタイミングは人それぞれ異なる．実際の滞在日よりも早期の価格を安く設定しすぎてしまうと，早い段階で予約が埋まってしまい，直前に予約を入れる価値評価の高いビジネス客のような上客を逃してしまうおそれがある．逆に早期の価格が高すぎれば，多くの空室が発生してしまうかもしれない．更に，空室を埋めるために直前にセールを行うのであれば，将来セール価格で販売されることを見越して早期の高い価格では誰も予約しないかもしれない．

　これらのような状況における売り手の収入最大化の研究は，経済学だけでなく，レベニューマネジメント（revenue management）やダイナミックプライシング（dynamic pricing）といった経営学の分野でも古くから盛んに研究されてきたトピックだ[3]．動学的メカニズムデザインはこのトピックに対して，売り手と買い手の間の情報の非対称性を考慮に入れ，メカニズムデザインのアプローチで最適メカニズムを導出しようとするものだ．

　本章では，動学的メカニズムデザインの中でも，後者のような買い手の取引タイミングが異なる状況に注目して分析する．本章で扱われる動学的なモデルにおいても，これまで同様に表明原理が適用できる．したがって，以下でも誘因両立的な直接メカニズムのみを考えることにする．

---

[3]Talluri and van Ryzin (2004) を参照せよ．

第 3 章　動学的メカニズムデザイン　　　**49**

3.1　単一財の配分問題

　本節では，売り手が時間を通じて一つの財を配分する問題を考える．
売り手は 2 期間 $t = 1, 2$ の間に 1 単位の財を配分する．この財は第 2 期
の終わりに消費される，あるいは価値が消滅するような財であるとし
よう．たとえば，第 2 期の終わりに出発する飛行機のチケットやホテ
ルの宿泊などが例として考えられる．

　売り手のもとに，2 人の買い手 1，2 がそれぞれ第 1 期，第 2 期にやっ
てくる．買い手 $i \in \{1, 2\}$ の財に対する評価額は $v_i \in V = [0, \bar{v}]$ で，独
立に同一の確率分布 F に従う私的情報とする．これまでと同様に，買
い手の実質価値関数を

$$\phi(v_i) = v_i - \frac{1 - F(v_i)}{f(v_i)}$$

と定義し，v_i について厳密な増加関数であることを仮定しておこう．

　2 人の買い手が同時に取引にやってくるのであれば，第 2 章のように
最低落札価格付きのオークションによって配分を決定すればよい．しか
し，ここでは買い手がやってくるタイミングが異なっているため，オー
クションを開催することはできないものとしよう．更に，買い手 1 は
せっかちで，第 1 期のうちに財が手に入るか否かを決めてもらえない
のであれば，取引に応じないとする．

　つまり，ここで売り手が設計することができる（直接）メカニズム
$\Gamma = ((q_1, p_1), (q_2, p_2))$ は，

1.　買い手 1 の評価額 v_1 に対して，売り手が買い手 1 に財を配分す
　　る確率 $q_1(v_1)$ を定めた配分ルール $q_1 : V \to [0, 1]$
2.　買い手 1 の評価額 v_1 に対して，買い手 1 の支払額 $p_1(v_1)$ を定
　　めた支払いルール $p_1 : V \to \mathbb{R}$

3. 買い手 1 および 2 の評価額の組 $v = (v_1, v_2)$ に対して，買い手 2 に財を配分する確率 $q_2(v)$ を定めた配分ルール $q_2 : V^2 \to [0, 1]$

4. 買い手 1 および 2 の評価額の組 v に対して，買い手 2 の支払額 $p_2(v)$ を定めた支払いルール $p_2 : V^2 \to \mathbb{R}$

によって定められる．買い手 1 に対する配分 $q_1(\cdot)$ は確率的でもよいが，実際に配分するか否かは，第 2 期が始まる前に決定されるとする．買い手 1 に対する事後的な配分を $\bar{q}_1 \in \{0, 1\}$ で表すことにする．また，買い手 2 の配分や支払額は，買い手 1 の申告 v_1 に依存させることが可能とする $(q_2(v_1, v_2), p_2(v_1, v_2))$．

財が買い手 1 に配分された場合，買い手 2 に財を配分することはできない．したがって，配分ルール $q = (q_1, q_2)$ が実行可能であるとは，

$$q_2(v_1, v_2) \leq 1 - \bar{q}_1$$

を満たすことである．

これまでの分析と同様に，誘因両立性が定義される．メカニズムが買い手 1 にとって誘因両立的であるとは，

$$q_1(v_1)v_1 - p_1(v_1) \geq q_1(\tilde{v}_1)v_1 - p_1(\tilde{v}_1)$$

が成り立つことだ．一方，買い手 2 の誘因両立条件はすべての v_1 に対して，

$$q_2(v_1, v_2)v_2 - p_2(v_1, v_2) \geq q_2(v_1, \tilde{v}_2)v_2 - p_2(v_1, \tilde{v}_2)$$

が成り立つことである[4]．どちらの買い手についても，これまでの分析と同様の方法で誘因両立条件から，期待支払額を実質社会余剰の形で書き換えることができる．

---

[4]買い手 2 は過去の履歴，特に買い手 1 が第 1 期に何を申告したかを観察できると仮定する．この仮定は，少なくとも本章で議論する範囲内では重要ではなく，買い手が過去の履歴を完全には観察できないと仮定しても，結果に影響を与えることはない．

第3章 動学的メカニズムデザイン　　　　　　　　　51

　時間を通じた最大化問題を考えるときには，問題を後ろから考えるのが定石だ（後ろ向き帰納法）．財を買い手1に配分した場合，第2期に売り手ができることは何もなく，第2期の収入はゼロである．第1期に買い手1に財を配分しなかった場合を考えよう．このときの売り手の第2期における期待収入最大化問題は，第1章におけるそれと同一の問題だ．売り手の第2期の最適メカニズムとは，（買い手1の評価額 v_1 にかかわらず）価格 $r^* = \phi^{-1}(0)$ を提示し，買い手2がその価格で購入するか否かを決定するものとなる．したがって第2期に売り手が得られる期待収入は，

$$R^2 \equiv r^*(1 - F(r^*)) = E[\max\{\phi(v_2), 0\}]$$

である．

　このことを所与とすると，第1期の時点での売り手の期待収入は，

$$E[p_1(v_1) + p_2(v_1, v_2)] = E[q_1(v_1)\phi(v_1) + (1 - q_1(v_1))R^2] \qquad (3.1)$$

と表すことができる．(3.1) を最大化するような買い手1に対する配分ルールは

$$q_1^*(v_1) = \begin{cases} 1 & \text{if } \phi(v_1) \geq R^2 \\ 0 & \text{otherwise} \end{cases}$$

である．単調な実質価値関数の仮定から，この配分ルール q_1^* は v_1 について弱増加関数であるので，これが最適な配分ルールである．

命題 3.1　ここまでの2期間モデルにおける最適メカニズムは，

1. 買い手1に対して価格 $p_1^* = \phi^{-1}(R^2)$ を提示する
2. 買い手1が購入しなかった場合，買い手2に対して価格 $p_2^* = r^*$ を提示する．

52

$R^2 > 0$ であるから，買い手 1 への価格 $p_1^* > r^* = p_2^*$，すなわち買い手 1 にはより高い価格を提示することになる．

3.1.1 条件付き契約が結べる場合

以上の分析では，売り手は買い手 1 に対して財を配分するか否か，第 1 期の時点で確定させる状況を考えた．今度は，売り手が買い手 1 に対して，より詳細な取引条件を指定した「条件付き契約」を提示できる状況を考えてみよう．つまり，売り手は買い手 1 と，「第 2 期にこれこれのような事象が発生した場合は，あなたに財を渡します．もしこれこれのような事象が発生したならば，財は渡しません．」というようなことを詳細に指定した契約を結ぶのである[5]．ただし，買い手 1 の支払額は第 1 期に完了し，第 2 期には買い手 1 と売り手は金銭のやりとりは行わないとしよう[6]．

したがって，売り手が設計することができるメカニズム $\Gamma = (q, p_1, p_2)$ は，

1. 買い手の評価額の組 $v = (v_1, v_2)$ に対して，買い手 $i \in \{1, 2\}$ に財を配分する確率 $q_i(v)$ を定めた配分ルール $q : V^2 \to [0, 1]^2$
2. 買い手 1 の評価額 v_1 に対して，買い手 1 の支払額 $p_1(v_1)$ を定めた支払いルール $p_1 : V \to \mathbb{R}$
3. 買い手の評価額の組 v に対して，買い手 2 の支払額 $p_2(v)$ を定めた支払いルール $p_2 : V^2 \to \mathbb{R}$

で定められる．財の配分は将来起こる事象，すなわち買い手 2 の申告に依存させてよいので，買い手 1 に対する配分も $q_1(v_1, v_2) \in [0, 1]$ と

---

[5]買い手 1 はこのような条件付き契約を受け入れられる程度に柔軟な買い手であるとする．

[6]このように仮定する理由は，金銭のやり取りを含めて条件付き契約にしてしまうと，直ちに第 2 期にオークションを行うことができてしまって面白くないからである．

書ける．しかし，買い手1の支払いルールは買い手1自身の申告のみに依存した形に制限している．

買い手1は将来起こる事象に依存して配分が不確実な契約を締結することになる．したがって，買い手1は将来の事象＝買い手2の申告についての期待値をとり，期待利得を最大化するように行動すると考えるのが妥当であろう．仮に買い手2が正直に申告するとするならば，買い手1の評価額がv_1のとき，財を最終的に獲得する確率は

$$Q_1(v_1) = E_{v_2}[q_1(v_1, v_2)]$$

である．よって，条件付き契約が結べる場合，メカニズムが買い手1にとって誘因両立的であるとは，

$$Q_1(v_1)v_1 - p_1(v_1) \geq Q_1(\tilde{v}_1)v_1 - p_1(\tilde{v}_1)$$

が成り立つことである．一方，買い手2の誘因両立条件はさきほどと変わらず，すべてのv_1に対して，

$$q_2(v_1, v_2)v_2 - p_2(v_1, v_2) \geq q_2(v_1, \tilde{v}_2)v_2 - p_2(v_1, \tilde{v}_2)$$

が成り立つことである[7]．

条件付き契約を用いることによって，売り手は第2章で導出した最適オークションと同じ期待収入を得ることが可能となる．これは，収入同値定理の簡単な応用だ．売り手は二人の申告を元にして財の配分ルール$q(v_1, v_2)$を定めることができるのだから，第3章で導出した最適配分ルール

$$q_i^*(v) = \begin{cases} 1 & \text{if } v_i \geq r^* \text{ and } v_i > v_j \\ 0 & \text{otherwise} \end{cases}$$

---

[7]ここで用いている均衡概念は，期末誘引両立性と呼ばれる (Bergemann and Välimäki, 2010)．3.2節で改めて定義する．

54

を考える．買い手 2 の誘因両立条件は買い手 1 の評価額 v_1 が観察された場合の事後的な（支配戦略の）誘因両立条件だ．よって買い手 2 に対しては，最低落札価格付きの 2 位価格オークションと同じ支払いルール

$$p_2^*(v) = \begin{cases} \max\{r^*, v_1\} & \text{if } q_2^*(v) = 1 \\ 0 & \text{otherwise} \end{cases}$$

とすれば誘因両立条件が満たされる．一方，買い手 1 の誘因両立条件は買い手 2 の評価額を観察する前の期待利得で定義されており，かつ買い手 1 の支払額は v_2 に依存しないと仮定している．よって，買い手 1 には最低落札価格付きの 2 位価格オークションの期待支払額

$$p_1^*(v_1) = \begin{cases} E_{v_2}[q_1^*(v_1, v_2) \max\{r^*, v_2\}] & \text{if } v_1 \geq r^* \\ 0 & \text{otherwise} \end{cases} \tag{3.2}$$

を支払いルールとして設定すれば，期待利得の意味での（ベイジアン）誘因両立条件が満たされる．したがって，2 人の買い手が同時にメカニズムに参加していなくても，実質的にオークションを開催しているのと同じことが実行できる．

　(3.2) の支払いルールの場合，買い手 1 は実際には財を獲得できなかった場合にも $p_1^*(v_1)$ を支払わなければならず，事後的には利得がマイナスになる可能性がある．このような事態を避けたければ，買い手 1 の額面支払額を

$$\hat{p}_1(v_1) = \frac{E_{v_2}[q_1^*(v_1, v_2) \max\{r^*, v_2\}]}{E_{v_2}[q_1^*(v_1, v_2)]}$$

としておき，財を獲得できなかった場合には全額を返金するようにし

ても差し支えない[8].

　本章の最初に考えた条件付き契約が結べない場合のメカニズムは，条件付き契約が結べる場合の特殊ケースとしてみなすことができる．したがって，ここで導出された条件付き契約を用いる最適メカニズムの方が売り手の期待収入は厳密に大きい．

3.1.2　オーバーブッキング

　上記のような条件付き契約を用いた最適メカニズムは一見すると少し複雑で，現実に応用するのは困難に見えるかもしれない．しかし，オーバーブッキング（過剰予約）を使った逐次的な販売プロセスとして解釈すると，必ずしも非現実的なメカニズムとは言い切れないかもしれない．以下のプロセスは，上記の条件付き契約のある最適メカニズムを少し言い換えたものである[9]．

1. 売り手は買い手 1 に対して，契約のメニュー $Z \equiv [r^*, 1]$ を提示し，買い手 1 は Z から一つだけ契約 $z \in Z$ を購入する（あるいは取引せずに退出する）

2. 契約 $z \in Z$ は，評価額が $v_i = z$ の買い手のために設計された契約（予約購入）で，買い手 1 は価格 $p_1^*(z)$ を支払うことで「確率 $Q_1^*(z)$ で財を獲得する権利」を保有する

3. 買い手 1 が契約 z を購入した場合，売り手は第 2 期に価格 $p_2^*(z) = z$ で財を販売する　買い手 1 が退出した場合は第 2 期の価格を $p_2^* = r^*$ とする

4. どちらの買い手も購入した場合，**オーバーブッキング**が発生する．オーバーブッキングが発生した場合は，売り手は買い手 2 に優先的に財を配分する．

---

[8]買い手 1 の期待支払額は $p_1^*(v_1)$ で一致する．

[9]Ely et al. (2016) および Sano (2018) も参照せよ．

56

　買い手1は自分が最終的に財を獲得する確率を自発的に決定する．
財を獲得する確率を高くするためには，高い価格を支払わなければな
らない．買い手1が選択した獲得確率を元に，売り手は買い手2に対
して，買い手1の獲得確率が実際に選択されたものと（均衡において）
一致するように価格を設定する．

　航空チケットの販売では，定員以上の座席を販売する過剰販売（オー
バーセール）あるいはオーバーブッキングは合法である．また現実に
航空券の早期の販売価格は一意ではなく，同じフライトであっても条
件の異なる様々な割引運賃から高額な正規運賃まで幅広い価格設定が
されている．より高い運賃のチケットを保有している旅行者ほど，そ
のフライトに対する評価額が高いと考えるのは自然であろう．そこで，
仮にオーバーブッキングが発生した際には，正規運賃などの高額チケッ
トを保有している乗客を優先し，大幅な割引運賃のチケットを保有し
ている人を搭乗拒否することで，フライトに対する評価額の高い旅行
者を優先して座席を割り当てることができる．このように旅行者がチ
ケットを購入するタイミングが全く異なっていたとしても，オーバー
ブッキングを使えば実質的にオークションと同様のことを実行できる
というわけだ[10][11]．

3.2　複数財の配分問題

　本節では，前節と同様2期間のそれぞれの時点に買い手がやってく
るが，今度は売り手が第1期，第2期それぞれに1単位の財を配分す

---

　[10]例えば，米国の大手航空会社の一つである United Airlines の運送約款では，オーバー
ブッキングにより非自発的に搭乗拒否する乗客を決定する際には，乗客の予約クラス（チ
ケットの価格）を参考にすることあると記されている．
　[11]類似の事例として，オーバーブッキングの際に自発的に搭乗を諦める乗客の決定方
法として，オークションを実施している航空会社もある．

第 3 章 動学的メカニズムデザイン 57

る問題を考えてみよう[12]．各財はそれぞれの期の終わりに消費される，あるいは価値が消滅するような財であるとする．例えば，各期の終わりに出発する飛行機のチケットやホテルの宿泊が例として挙げられる．あるいは病院の診察時間に，患者がさまざまなタイミングで到着するなど，様々なサービスの時間スロットの配分が例として考えられる．そこで第 1 期の財をスロット 1，第 2 期の財をスロット 2 と呼ぶことにする．

このような異なる時間のチケット購入やスロット配分では，買い手はどのスロットを需要するかについて多様な選好を持っていると考えられる．例えば，直ちにサービスを受けられなければ満足しないような短気な買い手もいれば，時間に余裕があり，ある程度サーブされる時間が遅くても構わない忍耐強い買い手もいるだろう．買い手がどれくらい待つことができるか，という忍耐強さの程度は，その買い手の私的情報であると考えるのが自然である．そこで，本節では買い手の評価額に加えて，その忍耐強さも私的情報となっている場合を考えることにしよう[13]．

売り手のもとに各期複数の買い手がやってくる．第 $t \in \{1, 2\}$ 期に到着する買い手の集合を I^t で表す．各期に到着する買い手の数は確率的であっても構わないが，簡単化のためここでは各期の買い手の数は事前に分かっているものとし，$|I^1| = n \geq 2$ かつ $|I^2| = m \geq 1$ とする．$I^1 = \{1, \ldots, n\}$，また $I^2 = \{n+1, \ldots, n+m\}$ とする．各買い手 i は 1 つのスロットを需要しており，スロットに対する評価額は $v_i \in V = [0, \bar{v}]$ であるとする．

第 1 期に到着する買い手 $i \in I^1$ の追加的な私的情報として，忍耐強

---

[12]本節の分析は Sano (2019) を基にしたものである．本節で省略されている厳密な証明などは Sano (2019) を参照せよ．また Hinnosaar (2017) も参照せよ．

[13]本節で考える忍耐強さ，またはそれに類似する私的情報を導入した関連研究として，Deb and Pai (2013)，Pai and Vohra (2013)，Mierendorff (2016) などがある．

さ $\rho_i \in \{S, L\}$ を導入する．$\rho_i = S$ のとき買い手 i は短気で，スロット 1 を得られないのであればメカニズムから退出するような買い手とする．そのような買い手を S タイプの買い手と呼ぶ（short-lived）．$\rho_i = L$ のとき買い手 i は忍耐強く，スロット 1 でも 2 でも構わないような買い手とする．そのような買い手を L タイプの買い手と呼ぶ（long-lived）．ただし，売り手および L タイプの買い手は，将来の利得（収入）を割引因子 $\delta \in (0, 1]$ で割り引くと仮定する．買い手 $i \in I^1$ の私的情報（タイプ）は，評価額と忍耐強さのペア $\theta_i = (v_i, \rho_i) \in \Theta \equiv [0, \bar{v}] \times \{S, L\}$ である．評価額と忍耐強さの間に相関はなく，独立に分布しているものとし，評価額 v_i は確率分布 F に従うものとする．

忍耐強さ ρ_i の買い手 $i \in I^1$ の利得を $u_i^{\rho_i}$ で表し，

$$u_i^{\rho_i} = \begin{cases} q_i^1 v_i - p_i & \text{if } \rho_i = S \\ \left(q_i^1 + \delta(1 - q_i^1)q_i^2\right)v_i - p_i & \text{if } \rho_i = L \end{cases}$$

とする．ここで $q_i^t \in \{0, 1\}$ はスロット t の配分を表す．S タイプの買い手は，スロット 1 のみを需要する．一方 L タイプの買い手は，スロット 1 または 2 どちらか一方のスロットを獲得できればよい．ただし，スロット 2 を獲得する場合は，割引因子 δ で評価額が割り引かれることになる．また p_i は買い手の総支払額の第 1 期時点の割引現在価値を表す[14]．

第 2 期に到着する買い手 $j \in I^2$ は全員 S タイプであると仮定する．第 2 期の買い手の私的情報は $v_j \in V$ で表し，その利得は

$$u_j^S = q_j^2 v_j - p_j$$

である．

---

[14]買い手 i が第 1 期に p_i^1，第 2 期に p_i^2 を支払う場合には，$p_i = p_i^1 + \delta p_i^2$ である．本節の分析では，買い手の支払いのタイミングは重要ではない．

第1期の買い手のタイプの組を $\theta^1 \equiv (\theta^1_1, \ldots, \theta^1_n) \in \Theta^n$ で表す．また，第2期の買い手のタイプの組を $v^2 \equiv (v^2_{n+1}, \ldots v^2_{n+m}) \in V^m$ で表す．売り手が設計することができるメカニズム $\Gamma = ((q^1, p^1), (q^2, p^2))$ は，

1. 第1期の買い手のタイプの組 θ^1 に対して，スロット1の配分 $q_i(\theta^1) \in \{0, 1\}$ を定めたスロット1の配分ルール $q^1 : \Theta^n \to \{0, 1\}^n$

2. 第1期の買い手のタイプの組 θ^1 に対して，買い手 $i \in I^1$ の支払額 $p^1_i(\theta^1)$ を定めた支払いルール $p^1 : \Theta^n \to \mathbb{R}^n$

3. 第1期および第2期の買い手のタイプの組 (θ^1, v^2) に対して，スロット2の配分 $q_i(\theta^1, v^2) \in \{0, 1\}$ を定めたスロット2の配分ルール $q^2 : \Theta^n \times V^m \to \{0, 1\}^{n+m}$

4. 第1期および第2期の買い手のタイプの組 (θ^1, v^2) に対して，買い手 $j \in I^2$ の支払額 $p^2_j(\theta^1, v^2)$ を定めた支払いルール $p^2 : \Theta^n \times V^m \to \mathbb{R}^m$

で定められる．配分ルール $q = (q^1, q^2)$ が実行可能であるとは，

$$\sum_{i \in I^1} q^1_i(\theta^1) \leq 1$$

かつ

$$\sum_{i \in I^1 \cup I^2} q^2_i(\theta^1, v^2) \leq 1$$

を満たすことである．

ここで定義されたメカニズムに対して，二つ留意点を挙げておく．第一に，上の定義では売り手は条件付き契約を結べる場合を考えている．第1期の買い手 $i \in I^1$ にスロット2を配分する可能性があるとき，実際にスロットを配分するか否かは第2期の情報 v^2 に依存して決定できるとしている（$q^2_i(\theta^1, v^2)$）．ただし条件付き契約を結べない場合も，

60

条件付き契約の特殊ケースとして扱うことが可能である．第二に，本節の分析では確定的な配分ルールのみを考えることにする．

　メカニズム Γ を所与としたとき，忍耐強さ ρ_i の買い手 i の（期待）利得を u_i とする．第 1 期の申告されたタイプの組を $\tilde{\theta}^1$，第 2 期のそれを $\tilde{v}^2$ としたとき，第 1 期の買い手 $i \in I^1$ の利得は

$$u_i(\tilde{\theta}^1, \theta_i) \equiv \begin{cases} q_i^1(\tilde{\theta}^1)v_i - p_i^1(\tilde{\theta}^1) & \text{if } \rho_i = S \\ (q_i^1(\tilde{\theta}^1) + \delta(1 - q_i^1(\tilde{\theta}^1))\alpha_i^2(\tilde{\theta}^1))v_i - p_i^1(\tilde{\theta}^1) & \text{if } \rho_i = L \end{cases}$$

である[15]．ただし，

$$\alpha_i^2(\tilde{\theta}^1) \equiv E_{v^2}[q_i^2(\tilde{\theta}^1, v^2)]$$

とする．第 1 期のすべての買い手が正直に申告しているときの利得を

$$U_i(\theta^1) \equiv u_i(\theta^1, \theta_i)$$

とする．

　また，第 2 期の買い手 $j \in I^2$ の利得は

$$u_j(\tilde{\theta}^1, \tilde{v}^2, v_j) \equiv q_j^2(\tilde{\theta}^1, \tilde{v}^2)v_j - p_j^2(\tilde{\theta}^1, \tilde{v}^2)$$

である．第 1 期，第 2 期すべての買い手が正直に申告しているときの利得を

$$U_j(\theta^1, v^2) \equiv u_j(\theta^1, v^2, v_j)$$

とする．

　以上のように定義された利得に対して，誘因両立性を定義する．

---

[15]場合分けの条件に現れる ρ_i は買い手 i の真の忍耐強さである．

定義 3.1　以下の条件が成り立っているとき，メカニズムは**期末誘因両立的** (periodically ex post incentive compatible あるいは within-period ex post incentive compatible) であるという[16].

1.　すべての $i \in I^1$，すべての θ^1，すべての $\tilde{\theta}_i$ について，

$$U_i(\theta^1) \geq u_i\big((\tilde{\theta}_i, \theta_{-i}^1), \theta_i\big)$$

　が成り立つ，かつ

2.　すべての $j \in I^2$，すべての θ^1，すべての v^2，すべての $\tilde{v}_j$ について，

$$U_j(\theta^1, v^2) \geq u_j\big(\theta^1, (\tilde{v}_j, v_{-j}^2), v_j\big)$$

　が成り立つ．

ここで用いている均衡概念は，耐戦略性（弱支配戦略の誘因両立性）とベイジアン誘因両立性の中間にあるものだ．第 1 期の買い手は，同じ期の他の買い手の戦略に対しては，耐戦略的（弱支配戦略）であることを要求している．しかし，彼らがタイプを申告して契約を結んだ時点では，将来（第 2 期）何が起こるかまでは分からない．よって将来起こる事象については，将来の買い手が正直申告することを見込んで期待値をとっている．つまり，今期までに申告されるタイプに対しては耐戦略性を，将来申告されるタイプに対してはベイジアン誘因両立性を課している．

　最後に，メカニズムの参加条件は，全ての買い手について $U_i(\theta^1) \geq 0$ あるいは $U_j(\theta^1, v^2) \geq 0$ が成り立つことである．

　以上を踏まえ，売り手の期待収入最大化問題は以下のように定式化

---

[16]期末誘因両立性の一般的な定義については，Bergemann and Välimäki (2010) を参照せよ．

62

される.

$$\max_{(q^1, p^1, q^2, p^2)} E\left[\sum_{i \in I^1} p_i^1(\theta^1) + \delta \sum_{j \in I^2} p_j^2(\theta^1, v^2)\right]$$

s.t. $U_i(\theta^1) \geq u_i((\tilde{\theta}_i, \theta_{-i}^1), \theta_i)$ $(\forall i \in I^1, \forall \theta^1, \forall \tilde{\theta}_i)$

$\quad U_j(\theta^1, v^2) \geq u_j(\theta^1, (\tilde{v}_j, v_{-j}^2), v_j)$ $(\forall j \in I^2, \forall \theta^1, \forall v^2, \forall \tilde{v}_j)$

$\quad U_i(\theta^1) \geq 0$ $(\forall i \in I^1, \forall \theta^1)$

$\quad U_j(\theta^1, v^2) \geq 0$ $(\forall j \in I^2, \forall \theta^1, \forall v^2)$

$$\sum_{i \in I^1} q_i^1(\theta^1) \leq 1 \quad (\forall \theta^1)$$

$$\sum_{i \in I^1 \cup I^2} q_i^2(\theta^1, v^2) \leq 1 \quad (\forall \theta^1, \forall v^2)$$

3.2.1 誘因両立性の特徴づけ

前章までの分析と同様に，誘因両立条件を扱いやすい形に書き換えよう．まず第 2 期の買い手 $j \in I^2$ の誘因両立条件は，第 2 章の耐戦略性の条件と同一である．

命題 3.2 直接メカニズムが第 2 期の買い手 $j \in I^2$ について誘因両立的であることは以下の 2 つの条件が成り立つことと同値である：すべての $j \in I^2$，すべての θ^1，すべての v^2 について，ある値 $c_j^2(\theta^1, v_{-j}^2)$ が存在して，

1. 配分ルール $q_j^2(\theta^1, v^2)$ は以下の式を満たす,

$$q_j^2(\theta^1, v^2) = \begin{cases} 0 & \text{if } v_j < c_j^2(\theta^1, v_{-j}^2) \\ 1 & \text{if } v_j > c_j^2(\theta^1, v_{-j}^2) \end{cases}$$

2. 買い手 j の正直申告時の利得について,

$$U_j(\theta^1, v^2) = U_j(\theta^1, (0, v_{-j}^2)) + \max\{v_j - c_j^2(\theta^1, v_{-j}^2), 0\}$$

が成り立っている.

次に第 1 期の買い手 $i \in I^1$ について考えよう. 本小節では以下, 表記の簡略化のため, 買い手 i が唯一の第 1 期の買い手 $I^1 = \{i\}$ であるとする[17]. また,

$$Q_L(v_i) \equiv q_i^1(v_i, L) + \delta(1 - q_i^1(v_i, L))\alpha_i^2(v_i, L)$$

と定義する. これまでの分析との違いは, 買い手 i は評価額 v_i の他に忍耐強さ ρ_i も私的情報であり, この両方について嘘をつかないようにメカニズムを設計する必要がある点だ. しかし, 仮に買い手 i が真の忍耐強さを申告すると仮定すると, 買い手 i の評価額 v_i に関する誘因両立条件は前章までの場合と同様である. 従って, 誘因両立性の必要条件として以下の補題が成り立つ.

補題 3.1　買い手 $i \in I^1$ が S タイプであると仮定する. このとき直接メカニズムが i について誘因両立的であるならば, ある値 c_S が存在し

---

[17]期末誘因両立性では他の買い手のタイプの組 θ_{-i}^1 はすべてパラメータとして扱うことになるので, 一般性を失わない.

て，配分ルールは

$$q_i^1(v_i, S) = \begin{cases} 0 & \text{if } v_i < c_S \\ 1 & \text{if } v_i > c_S \end{cases}$$

を満たす．更に，正直申告時の利得は，

$$U_i(v_i, S) = \max\{v_i - c_S, 0\} + \underline{U}_S$$

である．ただし，$\underline{U}_S \equiv U_i(0, S)$ とする．

補題 3.2 買い手 $i \in I^1$ が L タイプであると仮定する．このとき直接メカニズムが i について誘因両立的であるならば，$Q_L(v_i)$ は弱増加関数である．更に，正直申告時の利得は，

$$U_i(v_i, L) = \int_0^{v_i} Q_L(x)\mathrm{d}x + \underline{U}_L \tag{3.3}$$

である．ただし，$\underline{U}_L \equiv U_i(0, L)$ とする．

$\delta < 1$ と仮定して，$Q_L(v_i)$ が弱増加関数であるということをもう少し詳しく見てみよう．確定的な配分ルールのみを考えていること，および α_i^2 がスロット 2 を獲得する確率を表していることから，$Q_L(v_i)$ が弱増加関数であることは，(1) $q_i^1(v_i, L)$ が v_i について弱増加関数であり，かつ (2) $q_i^1(v_i, L) = 0$ である限り $\alpha_i^2(v_i, L)$ は v_i について弱増加関数であることと同値である．したがって，L タイプの配分ルールは，v_i の値によって高々3つのケースに分類されることが分かる．

補題 3.3 $\delta < 1$ とする．また $Q_L(v_i)$ は弱増加関数とする．このとき，$0 \leq \underline{c}_L \leq \bar{c}_L \leq \bar{v}$ を満たす 2 つの値 $\underline{c}_L$，$\bar{c}_L$ が存在して，

1. $v_i < \underline{c}_L$ のとき，$q_i^1(v_i, L) = \alpha_i^2(v_i, L) = 0$

第 3 章　動学的メカニズムデザイン　　　***65***

2. $\underline{c}_L < v_i < \bar{c}_L$ のとき，$q_i^1(v_i, L) = 0$ かつ $\alpha_i^2(v_i, L) > 0$ は v_i につ
   いて弱増加関数

3. $v_i > \bar{c}_L$ のとき，$q_i^1(v_i, L) = 1$.

ただし，第 1 のケースが存在しない場合は $\underline{c}_L = 0$ とする．第 2 のケー
スが存在しない場合は $\underline{c}_L = \bar{c}_L$ とする．第 3 のケースが存在しない場
合は $\bar{c}_L = \bar{v}$ とする．

$\delta = 1$ のとき補題 3.3 は成り立たない．しかし，$\delta = 1$ のときであって
も，補題 3.3 で特徴づけられるような配分ルールのみに着目すること
にする．

　L タイプの配分ルールが定まれば，包絡線条件 (3.3) によって期待支
払額は

$$p_i^1(v_i, L) = Q_L(v_i)v_i - \int_0^{v_i} Q_L(x)\mathrm{d}x - \underline{U}_L$$

と定まる．特に $\underline{c}_L < v_i < \bar{c}_L$ ならば，

$$p_i^1(v_i, L) = \delta\left(\alpha_i^2(v_i, L)v_i - \int_{\underline{c}_L}^{v_i} \alpha_i^2(x, L)\mathrm{d}x\right) - \underline{U}_L$$

である．また，$v_i > \bar{c}_L$ ならば，

$$p_i^1(v_i, L) = \bar{p}_L \equiv \bar{c}_L - \delta\int_{\underline{c}_L}^{\bar{c}_L} \alpha_i^2(x, L)\mathrm{d}x - \underline{U}_L$$

となり，v_i から独立な値となる．

　補題 3.1, 3.3 を踏まえて，買い手 i が忍耐強さ ρ_i について嘘をつく
可能性を考えよう．最初に $v_i = 0$ のときを考える．買い手の忍耐強さ
$\rho_i = S, L$ のときの利得はそれぞれ $\underline{U}_S$, $\underline{U}_L$ である．仮に $\underline{U}_S > \underline{U}_L$ で
あったならば，L タイプの買い手は S タイプと嘘をついて得をしてし

まう．同様に $\underline{U}_S < \underline{U}_L$ であったならば，S タイプの買い手は L タイプと嘘をついて得をしてしまう．ゆえに，必ず $\underline{U}_S = \underline{U}_L$ でなければならない．

以下，$\underline{U}_S = \underline{U}_L = 0$ として考える．買い手 i が自分の忍耐強さについて嘘をつく可能性を考えよう．補題 3.1 より，売り手が S タイプの買い手に対して提示するメカニズムとは，スロット 1 の価格 c_S を提示し，買い手はその価格でスロット 1 を買うか否かを決める，というものだ．一方売り手が L タイプの買い手に対して提示するメカニズムは少し複雑だが，評価額が $v_i > \bar{c}_L$ であれば売り手は価格 $\bar{p}_L$ でスロット 1 を配分することになる．すなわち，売り手は L タイプの買い手に対して，スロット 1 を価格 $\bar{p}_L$ で販売することを意味する．もしこのスロット 1 の二種類の価格 c_S と $\bar{p}_L$ が異なっていたとすれば，どちらか高い方の価格を支払ってスロットを手に入れようとする買い手が現れるはずがない．ゆえに，誘因両立性を満たすためには，$c_S = \bar{p}_L$ となる必要がある．

次に $\bar{c}_L = \bar{v}$ のときを考える．このとき L タイプの買い手に対して，売り手はスロット 1 を配分しない．したがって S タイプが L タイプと嘘をつくインセンティブはない．反対に L タイプが S タイプと嘘をつかないような条件が満たされなければならない．詳細は省くが，以上のことを踏まえると，第 1 期の買い手の期末誘因両立性は以下のように特徴づけられる．

命題 3.3 メカニズムが買い手 $i \in I^1$ について期末誘因両立的であることは，以下のどちらか一方が成り立っていることと同値である．

1. $0 \le \underline{c}_L \le c_S \le \bar{c}_L < \bar{v}$ であり，かつ

$$c_S = \bar{p}_L = \bar{c}_L - \delta \int_{\underline{c}_L}^{\bar{c}_L} \alpha_i^2(x, L)\mathrm{d}x$$

第 3 章　動学的メカニズムデザイン　　**67**

を満たす．または

2.　$0 \le \underline{c}_L \le c_S \le \bar{c}_L = \bar{v}$ であり，かつ

$$c_S \ge \bar{v} - \delta \int_{\underline{c}_L}^{\bar{v}} \alpha_i^2(x, L)\mathrm{d}x$$

を満たす．

　メカニズムが期末誘因両立性を満たすとき，各買い手の利得は評価額について弱増加関数となる．よって，期末誘因両立性を満たすメカニズムの参加条件は $i \in I^1$，$j \in I^2$ について，それぞれ $U_i((0, \rho_i), \theta_{-i}^1) \ge 0$，$U_j(\theta^1, (0, v_{-j}^2)) \ge 0$ である．

　ここまで売り手は第 1 期の買い手に対して条件付き契約を結べる，すなわちスロット 2 の配分を第 2 期に決定できる一般的な場合の誘因両立性を考えてきた．売り手がそのような条件付き契約を結ぶことができない場合，すなわち第 1 期に L タイプの買い手に対して，スロット 2 の配分を第 1 期のうちに確定しなければならない状況は，L タイプの買い手 i がスロット 2 を獲得する確率が $\alpha_i^2(v_i, L) \in \{0, 1\}$ に制限されている場合と解釈することができる．したがって，命題 3.3 から直ちに条件付き契約が結べない場合の誘因両立条件を特徴づけることができる．

命題 3.4　売り手は条件付き契約を結ぶことができないと仮定する．このときメカニズムが買い手 $i \in I^1$ について誘因両立的であることは，以下のどちらか一方が成り立っていることと同値である．

1.　$0 \le \underline{c}_L \le c_S \le \bar{c}_L < \bar{v}$ であり，かつ

$$c_S = (1 - \delta)\bar{c}_L + \delta\underline{c}_L \tag{3.4}$$

を満たす．または

68

2. $0 \leq \underline{c}_L \leq c_S \leq \bar{c}_L = \bar{v}$ であり，かつ

$$c_S \geq (1-\delta)\bar{v} + \delta\underline{c}_L$$

を満たす．

第 1 のケースでは，L タイプの買い手がスロット 1 を獲得する場合の支払額は $p^1 = c_S$，スロット 2 を獲得する場合の支払額は $p^2 = \delta\underline{c}_L$ である．第 2 のケースでは，スロット 2 を獲得する場合の支払額は $p^2 = \delta\underline{c}_L$，スロット 1 は獲得しない．

以降の分析では，売り手は買い手と条件付き契約が結べない制約された状況下の最適メカニズムを考えることにする．条件付き契約が結べる一般の場合の分析は少し煩雑になるため本書では扱わない[18].

3.2.2 効率的なメカニズム：条件付き契約が結べない場合

売り手の収入最大化を考える前に，社会余剰を最大化する効率的なメカニズムがどのようなものかについて考えておこう．Bergemann and Välimäki (2010) は本章のモデルを含む非常に一般的な動学的な配分問題に対して，効率的な配分を実現する期末誘因両立的なメカニズムを導出した．ここでは，命題 3.4 を踏まえて，社会余剰を最大化する効率的配分ルールが確かに期末誘因両立性の条件を満たすことを確認しよう．

配分ルール

簡単化のため，第 1 期に到着する買い手は 2 人，第 2 期に到着する買い手は 1 人のみであるとしよう．$I^1 = \{i, s\}$ かつ $I^2 = \{j\}$ とする．更に，買い手 s のタイプは $\theta_s = (v_s, S)$ であると仮定する．

買い手 i が S タイプである場合，効率的な配分ルールは明らかであ

---

[18]条件付き契約が結べる場合の分析は，Sano (2019) を参照せよ．

る．すなわち第 1 期に買い手 s と i のうちで評価額の大きい方にスロット 1 を配分し，第 2 期には（第 1 期の配分にかかわらず）買い手 j にスロット 2 を配分する．したがって，買い手 i について効率的な配分ルールとは

$$
q_i^1((v_i, S), \theta_s) = \begin{cases} 0 & \text{if } v_i < v_s \\ 1 & \text{if } v_i > v_s \end{cases}
$$

である．すなわち，$c_S = v_s$ であることが分かる．

次に買い手 i が L タイプである場合を考えよう．スロットを誰にも配分しないのは明らかに効率的ではないことを踏まえると，条件付き契約が結べない場合に考えられる配分は以下の 3 通りである：

1. スロット 1 を買い手 i に，スロット 2 を買い手 j に配分する．このときの期待総余剰は $w^1 \equiv v_i + \delta E[v_j]$
2. スロット 1 を買い手 s に，スロット 2 を買い手 i に配分する．このときの総余剰は $w^2 \equiv v_s + \delta v_i$
3. スロット 1 を買い手 s に，スロット 2 を買い手 j に配分する．このときの期待総余剰は $w^3 \equiv v_s + \delta E[v_j]$.

効率的な配分は w^k ($k \in \{1, 2, 3\}$) を最大にするものである．

$$
w^1 \geq w^2 \quad \Leftrightarrow \quad (1-\delta)v_i \geq v_s - \delta E[v_j],
$$

$$
w^2 \geq w^3 \quad \Leftrightarrow \quad v_i \geq E[v_j],
$$

$$
w^1 \geq w^3 \quad \Leftrightarrow \quad v_i \geq v_s
$$

であることから，買い手 i に関する効率的配分ルールは以下のように

図 3.1 条件付き契約が結べない場合の第 1 期の効率的な配分．買い手 s と i がそれぞれ獲得するスロットの組を $(1,2)$ などで表す．また $\emptyset$ はどちらのスロットも獲得しないことを表す．

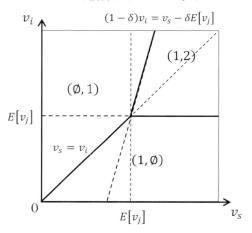

まとめられる．

$$(q_i^1(\theta^1), q_i^2(\theta^1)) = \begin{cases} (0,0) & \text{if } v_i < v_s \text{ and } v_i < E[v_j] \\ (0,1) & \text{if } v_i > E[v_j] \text{ and } (1-\delta)v_i < v_s - \delta E[v_j] \\ (1,0) & \text{if } v_i > v_s \text{ and } (1-\delta)v_i > v_s - \delta E[v_j] \end{cases}$$

図 3.1 は $\theta^1 = ((v_s, S), (v_i, L))$ に対して効率的配分ルールを図示したものである．したがって，この配分ルールの下での買い手 i のカットオフ $\underline{c}_L$ および $\bar{c}_L$ は以下のようになる．

1. $v_s < E[v_j]$ のとき，$\bar{c}_L (= \underline{c}_L) = v_s$，
2. $v_s \geq E[v_j]$ のとき，$\underline{c}_L = E[v_j]$，また $\bar{c}_L = \min\{\frac{v_s - \delta E[v_j]}{1-\delta}, \bar{v}\}$

第 1 のケースのとき,

$$(1-\delta)\bar{c}_L + \delta\underline{c}_L = v_s = c_S,$$

また第 2 のケースのときは

$$(1-\delta)\bar{c}_L + \delta\underline{c}_L = \begin{cases} v_s = c_S & \text{if } v_s \leq (1-\delta)\bar{v} + \delta E[v_j] \\ (1-\delta)\bar{v} + \delta E[v_j] < v_s = c_S & \text{otherwise} \end{cases}$$

より，確かに誘因両立条件を満たしていることが分かる．買い手 s が L タイプだった場合も，同様にして効率的な配分ルールが誘因両立条件を満たすことを確認できる．

同時せり上げオークション

　条件付き契約が結べない場合の効率的配分ルールは上記のように求めることができたが，買い手の数が 3 人以上いるときなどは少し配分ルールの記述は煩雑である．しかし，本節で考えている問題であれば，比較的容易に効率的な配分と期末誘因両立性を満たす支払額を同時に求めることが可能だ．以下のような**同時せり上げオークション**を考える．

1.　ラウンド $\tau = 1, 2, \ldots$ に対して，スロット 1 の価格を $p^1(\tau)$，スロット 2 の価格を $p^2(\tau)$ とする．また初期価格を $p(1) = (p^1(1), p^2(1)) = (0, 0)$ とする．

2.　ダミーの買い手として買い手 0 を用意する．

3.　各ラウンド τ において，価格ベクトル $p(\tau)$ の下で各買い手は需要するスロットを申告（ビッド）する．ただし，ダミーの買い手 0 はスロット 2 の価格が $p^2(\tau) \leq \delta E[v_j]$ である限り，スロット 2 に対してビッドしつづける．

4.　各スロットについて，二人以上の買い手がビッドしているときには，そのスロットの価格をわずかに上げ，次のラウンドに進む．

72

5. 各スロットに対してビッドする買い手が一人となったところで
    終了する．その時点でビッドを出している買い手がそのスロット
    を，その時点の価格で購入する．

詳細は省略するが，同時せり上げオークションにおいてすべての買い
手が正直にビッドするとき，最終的な配分は（ほぼ）効率的であるこ
とが知られている．さらに，終了時点の価格はちょうど耐戦略性を満
たすような支払額と（ほぼ）一致することが知られている[19].

3.2.3 最適メカニズム：条件付き契約が結べない場合

前節を踏まえ，今度は売り手の収入最大化問題を考えよう．実質価
値関数を

$$\phi(v_i) = v_i - \frac{1 - F(v_i)}{f(v_i)}$$

と定義する．実質価値関数は買い手の忍耐強さからは独立に定義され
る．これまでと同様に，実質価値関数は v_i について厳密な増加関数で
あると仮定する．

計算は省略するが，これまでの分析と同様，売り手の期待収入は実
質価値関数を用いて実質社会余剰の形で表現される．すなわち $i \in I^1$,
$j \in I^2$ について，

$$E[p_i^1(\theta^1)] = \Pr\{\rho_i = S\} E[q_i^1(\theta^1)\phi(v_i)] + \Pr\{\rho_i = L\} E[Q_L(v_i, L)\phi(v_i)],$$

$$E[p_j^2(\theta^1, v^2)] = E[q_j^2(\theta^1, v^2)\phi(v_j)]$$

と表現できる[20]．よって，期待収入最大化問題は実質社会余剰最大化

---

[19]詳細については Demange et al. (1986) を参照せよ．本書では買い手の評価額を連続
に扱っているが，評価額が離散値をとると仮定し，適切にオークションのルールを修正
することで，厳密に効率性と耐戦略性を満たすようにすることができる．

[20]参加条件から，最適メカニズムでは明らかに $\underline{U}_{\rho_i} = 0$ であることを用いている．

第 3 章　動学的メカニズムデザイン

問題に書き換えられる.

　簡単化のため, さきほどと同様に第 1 期に到着する買い手は 2 人, 第 2 期に到着する買い手は 1 人のみであるとしよう. $I^1 = \{i, s\}$ かつ $I^2 = \{j\}$ とする. 更に, 買い手 s のタイプは $\theta_s = (v_s, S)$ であると仮定し, 効率的なメカニズムの場合に沿って, 実質社会余剰最大化問題を考えよう. 買い手 i が S タイプである場合, 最適な配分ルールは第 2 章の最適オークションと同様である. 第 1 期では, 買い手 s と i の間で, 評価額が $r^* \equiv \phi^{-1}(0)$ 以上かつ評価額の大きい方にスロット 1 が配分される. 第 2 期には（第 1 期の配分にかかわらず）買い手 j にスロット 2 を価格 r^* で配分する. したがって, 買い手 i について最適な配分ルールとは

$$q_i^{1*}((v_i, S), \theta_s) = \begin{cases} 1 & \text{if } v_i \geq r^* \text{ and } v_i > v_s \\ 0 & \text{otherwise} \end{cases}$$

である.

　次に買い手 i が L タイプである場合を考えよう. 前節の社会余剰最大化問題を単純に実質社会余剰に置き換えれば, 買い手 i について実質社会余剰を最大化する配分ルールは

$$(q_i^{1*}(\theta^1), q_i^{2*}(\theta^1)) = \begin{cases} (0,0) & \text{if } \phi(v_i) < \phi(v_s)^+ \text{ and } \phi(v_i) < R^2 \\ (0,1) & \text{if } \phi(v_i) > R^2 \text{ and } (1-\delta)\phi(v_i) < \phi(v_s)^+ - \delta R^2 \\ (1,0) & \text{if } \phi(v_i) > \phi(v_s)^+ \text{ and } (1-\delta)\phi(v_i) > \phi(v_s)^+ - \delta R^2 \end{cases}$$

となる. ただし, $x^+ \equiv \max\{x, 0\}$ とする. また $R^2 = E[\phi(v_j)^+]$ である.

　効率的配分ルールのときの場合を踏まえると, 実質社会余剰を最大化する配分ルールの下では, 買い手 s の評価額 v_s が $R^2 \leq \phi(v_s) \leq (1-\delta)\bar{v} + \delta R^2$ を満たすとき, L タイプの買い手 i の配分ルールは以下

74

の式を満たすことになる:

$$\phi(c_S) = (1-\delta)\phi(\bar{c}_L) + \delta\phi(\underline{c}_L) \tag{3.5}$$

この (3.5) と (3.4) が同時に満たされるのであれば,実質社会余剰を最大化する配分ルールが最適である.しかし,一般にはこの二式は同時には成り立たない.これらが同時に満たされる例外的なケースは,実質価値関数が一次関数である場合だ.評価額の分布が一様分布の場合,または,$[0, \infty)$ 上の指数分布の場合などは,実質価値関数は一次関数になり,そのときは明らかに二式が同時に成り立つ.あるいは,割引因子 $\delta = 1$ であれば,実質価値関数の形状に関係なく,誘因両立条件が満たされる.

定理 3.1 買い手の忍耐強さと評価額が独立に分布していて,かつ実質価値関数が厳密な増加関数であると仮定する.割引因子 $\delta = 1$ であるか,または実質価値関数が v_i の一次関数であるならば,実質社会余剰を最大化する配分ルールは,売り手の期待収入を最大化する.

　実質価値関数が一次関数となる特殊ケースにおける最適メカニズムの配分ルールは,効率的な配分ルールに最低落札価格 r^* を追加したものとなる.したがって,前節で紹介した同時せり上げオークションについて,開始価格を $p(1) = (r^*, \delta r^*)$ とし,また将来の買い手を代理するダミーの買い手 0 のスロット 2 に対する評価額を $\bar{p} = \phi^{-1}(\delta R^2)$ によって定義することで,最適配分ルールを実現することができる.

3.3　まとめ

　本章では,潜在的な買い手が時間を通じて異なるタイミングに到着する場合の最適メカニズムについて考察してきた.前半でみたように,

買い手の私的情報が彼らの財に対する評価額のみの1次元の場合は，前章までの考察を自然に拡張することが可能である．特に，売り手が買い手と将来の事象に応じた条件付き契約を結べる場合には，メカニズムデザイン問題は静学的な最適オークション問題と同値になる．

　買い手が評価額以外の私的情報を持つ場合には，分析は複雑になる．買い手の忍耐強さが追加的な私的情報となっているとき，この追加的な私的情報に関する誘因両立条件が最適メカニズムの導出において制約として一般に効いてくる．誘因両立条件が制約として効いている場合の最適メカニズムの導出は容易ではない．

　本書では，条件付き契約が結べる一般的な場合の最適メカニズムについては省略したが，この場合もやはり実質価値関数が一次関数となる限定的なケースでは，実質価値関数で評価した実質社会余剰を最大化するような配分ルールが最適であることを示すことができる．

あとがき

　本書では一貫して，表明原理に基づいて，(1) 誘因両立性の必要十分条件を導出し，(2) 包絡線条件を用いて期待収入を実質社会余剰の形で記述し，(3) 実質社会余剰を最大化する配分ルールが誘因両立条件を満たすかを確認する，というステップで収入最大化のメカニズムデザインを分析してきた．この手法は Myerson (1981) の最適オークションの手法にならったものであり，収入最大化のメカニズムデザインを分析する標準的な手法である．Myerson の手法の利点は，相対取引やオークション，また動学的な問題を問わず，経済主体の私的情報が 1 次元の評価額のみで表現されるあらゆる問題に応用可能だというところだ．本書では，実質価値関数が増加関数であるケースのみを考えたが，実質価値関数が増加関数とならない（よって実質社会余剰最大化ルールが単調性を満たさない）場合については Myerson (1981) を参照されたい．

　しかし，第 3 章の分析からも示唆されるように，Myerson の手法は私的情報が多次元に拡張されると途端に困難になる．多次元タイプの最適メカニズムデザインについては Rochet and Stole (2003) や Manneli and Vincent (2007) などがあるが，依然として完全には未解明の研究課題となっている．

　本書では，効率的メカニズムデザインについてはほとんど扱わなかった．売り手と買い手双方に私的情報がある状況の分析や，公共財供給の制度設計などを含む，より多くのトピックを扱ったメカニズムデザインのテキストとしては，Börgers (2015) がある．またオークションの分析・設計に特化したものとして Krishna (2010) がある．また，日本語のテキストとして坂井他 (2008) がある．

参考文献

Bergemann, D., and J. Välimäki (2010), "The Dynamic Pivot Mechanism," *Econometrica*, Vol. 78, pp. 771–789.

Bergemann, D., and J. Välimäki (2019), "Dynamic Mechanism Design: An Introduction," *Journal of Economic Literature*, forthcoming.

Börgers, T., (2015), *An Introduction to the Theory of Mechanism Design*, Oxford University Press.

Bulow, J., and P. Klemperer (1996), "Auctions versus Negotiations," *American Economic Review*, Vol. 86, pp. 180–194.

Bulow, J., and J. Roberts (1989), "The Simple Economics of Optimal Auctions," *Journal of Political Economy*, Vol. 97, pp. 1060–1090.

Courty, P., and H. Li (2000), "Sequential Screening," *Review of Economic Studies*, Vol. 67, pp. 697–717.

Crémer, J., and R. McLean (1988), "Full Extraction of the Surplus in Bayesian and Dominant Strategy Auctions," *Econometrica*, Vol. 56, pp. 1247–1257.

Deb, R., and M. Pai (2013), "Ironing in Dynamic Revenue Mangement: Posted Prices and Biased Auctions," In: Proceedings of the 24th Annual ACM-SIAM Symposium on Discrete Algorithms (SODA).

Demange, G., D. Gale, and M. Sotomayor (1986), "Multi-item Auctions," *Journal of Political Economy*, Vol. 94, pp. 863–872.

Edelman, B., M. Ostrovsky, and M. Schwarz (2007), "Internet Advertising and the Generalized Second-Price Auction: Selling Billions of Dollars Worth of Keywords," *American Economic Review*, Vol. 97, pp. 242–259.

Ely, J.C., D.F. Garrett, and T. Hinnosaar (2017), "Overbooking," *Journal of the European Economic Association*, Vol. 15, pp. 1258–1301

Esö, P., and B. Szentes (2007), "Optimal Information Disclosure in Auctions and the Handicap Auction," *Review of Economic Studies*, Vol. 74, pp. 705–731.

Güth, W., and M. Herwig (1986), "The Private Supply of a Public Good," *Journal of Economics*, Vol. 46 (Supplement 1), pp. 121–159.

Hinnosaar, T., (2017), "Calendar Mechanisms," *Games and Economic Behavior*, Vol. 104, pp. 252–270.

Kirkegaard, R., (2006). "A Short Proof of the Bulow-Klemperer Auctions vs. Negotiations Result," *Economic Theory*, Vol. 28, pp. 449–452.

Krishna, V., (2010), *Auction Theory (Second Edition)*, Academic Press.

Manelli, A.M., and D.R. Vincent (2007), "Multidimensional Mechanism Design: Revenue Maximization and the Multiple-good Monopoly," *Journal of Economic Theory*, Vol. 137, pp. 153–185.

Mierendorff K., (2016), "Optimal Dynamic Mechanism Design with Deadlines," *Journal of Economic Theory*, Vol. 161, pp. 190–222.

Milgrom, P., and I. Segal (2002), "Envelope Theorems for Arbitrary Choice Sets," *Econometrica*, Vol. 70, pp. 583–601.

Mussa, M., and S. Rosen (1978), "Monopoly and Product Quality," *Journal of Economic Theory*, Vol. 18, pp. 301–317.

Myerson, R., (1981), "Optimal Auction Design," *Mathematics of Operations Research*, Vol. 6, pp. 58–73.

Myerson, R., and M. Satterthwaite (1983), "Efficient Mechanisms for Bilateral Trading," *Journal of Economic Theory*, Vol. 29, pp. 256–281.

Pai, M., and R. Vohra (2013), "Optimal Dynamic Auctions and Simple Index Rules," *Mathematics of Operations Research*, Vol. 38, pp. 682–697.

Pavan, A., I. Segal, and J. Toikka (2014), "Dynamic Mechanism Design: A Myersonian Approach," *Econometrica*, Vol. 82, pp. 601–653.

Riley, J., and W.F. Samuelson (1981), "Optimal Auctions," *American Economic Review*, Vol. 71, pp. 381–392.

Riley, J., and R. Zeckhauser (1983), "Optimal Selling Strategies: When to

Haggle, When to Hold Firm," *The Quarterly Journal of Economics*, Vol. 98, pp. 267–289.

Rochet, J.C., and L. Stole (2003), "The Economics of Multidimensional Screening," In: M. Dewatripont, L. Hansen, and S. Turnovsky (Eds.), *Advances in Economics and Econometrics*, Cambridge University Press, pp. 150–197.

Sano, R., (2018), "A Dynamic Mechanism Design with Deadlines and Multi-unit Demands," working paper.

Sano, R., (2019), "Dynamic Slot Allocations with Different Patience Levels," work in progress.

Talluri, K.T., and G.J. van Ryzin (2004), *The Theory and Practice of Revenue Management*, Springer.

Varian, H., (2007), "Position Auctions," *International Journal of Industrial Organization*, Vol. 25, pp. 1163–1178.

伊藤秀史 (2003),『契約の経済理論』有斐閣

坂井豊貴 (2010),『マーケットデザイン入門:オークションとマッチングの経済学』ミネルヴァ書房

坂井豊貴 (2014),『準線形環境におけるメカニズムデザイン』三菱経済研究所

坂井豊貴, 藤中裕二, 若山琢磨 (2008),『メカニズムデザイン:資源配分制度の設計とインセンティブ』ミネルヴァ書房

著者紹介

佐野隆司

2005 年　東京大学経済学部卒業

2011 年　東京大学大学院経済学研究科博士課程修了
　　　　　（経済学博士）

2013 年　京都大学経済研究所助教授

現在　　横浜国立大学大学院国際社会科学研究院准教授
　　　　　元・三菱経済研究所研究員

収入最大化のメカニズムデザイン

2019 年 9 月 13 日　発行

定価　本体 1,000 円＋税

著　　者　　佐　野　隆　司

発 行 所　　公益財団法人　三菱経済研究所
　　　　　　東 京 都 文 京 区 湯 島 4–10–14
　　　　　　〒 113–0034 電話 (03)5802–8670

印 刷 所　　株 式 会 社 国 際 文 献 社
　　　　　　東 京 都 新 宿 区 山 吹 町 332–6
　　　　　　〒 162–0801 電話 (03)6824–9362

ISBN 978-4-943852-71-1

ISBN 978-4-943852-71-1 C3033 ¥1000E